乡镇财会实务系列丛书

跟我学做成本会计

北京智浪奇管理咨询事务所 著

主 编 张洪兵

副主编 王开阳 仇桂保 卢龙

中国社会出版社

总序　造就新农民 建设新农村

李学举

党的十六届五中全会作出了建设社会主义新农村的战略部署。在社会主义新农村建设过程中，大力发展农村文化事业，努力培养有文化、懂技术、会经营的新型农民，既是新农村建设取得进展的重要标志，也是把社会主义新农村建设不断推向前进的基本保证。

为落实中央的战略部署，中央文明办、民政部、新闻出版总署、国家广电总局决定，将已开展三期的“万家社区图书室援建和万家社区读书活动”由城市全面拓展到农村，“十一五”期间计划在全国三分之一以上的村委会开展农村图书室援建和读书活动，使两亿多农民由此受益，让这项造福城市居民的民心工程同时也造福亿万农民群众。中央领导同志对此十分重视，中共中央政治局委员、国务院副总理回良玉同志作出重要批示：“发展农村文化事业是新农村建设的重要内容，也是农村发展中一个亟待加强的薄弱环节。在农村开展图书室援建和读书活动，为亿万农民群众送去读得懂、用得上的各种有益书刊，对造就有文化、懂技术、会经营的新型农民，满足农民全面发展的需求，将发挥重要作用。对这项事关农民切身利益、事关社会主义新农村建设的重要活动，要精心组织，务求实效。”

中共中央政治局委员、中央书记处书记、中宣部部长刘云山同志也作出重要批示。他指出："万家社区图书室援建和万家社区读书活动，是一项得人心、暖人心、聚人心的活动，对丰富城市居民的文化生活、推动学习型社区建设发挥了重要作用。这项活动由城市拓展到农村，必将对丰富和满足广大农民群众的精神文化生活，推动社会主义新农村建设发挥积极作用。要精心组织，务求实效，把这件事关群众利益的好事做好。"

为了使活动真正取得实效，让亿万农民群众足不出村就能读到他们"读得懂、用得上"的图书，活动的主办单位精心组织数百名专家学者和政府相关负责人，编辑了"建设社会主义新农村书屋"。"书屋"共分农村政策法律、农村公共管理与社会建设、农村经济发展与经营管理、农村实用科技与技能培训、精神文明与科学生活、中华传统文化道德与民俗民风、文学精品与人物传记、农村卫生与医疗保健、农村教育与文化体育、农民看世界等10大类、1000个品种。这些图书几乎涵盖了新农村建设的方方面面。"书屋"用农民的语言、农民的话，深入浅出，使具有初中文化水平的人就能读得懂；"书屋"贴近农村、贴近农民、贴近农村生活的实际，贴近农民的文化需求，使农民读后能够用得上。

希望农村图书室援建和农村读书活动深入持久地开展下去，使活动成为一项深受欢迎的富民活动，造福亿万农民。希望"书屋"能为农民群众提供一个了解外界信息的窗口，成为农民学文化、学科技的课堂，为提高农民素质，扩大农民的视野，陶冶农民的情操发挥积极作用。同时，也希望更多有识之士参与这项活动，推动农村文化建设，关心支持社会主义新农村建设。

值此"新农村书屋"付梓之际，以此为序。

前　言

我国正在由一个农业大国向工业化国家过渡，全国大部分的人口仍在农村和乡镇。农村和乡镇各经济主体财务会计管理工作的规范化、制度化，将有助于农村和乡镇经济持续、健康、稳定的发展。“乡镇财会实务系列丛书”有针对性、全方位地介绍了乡镇经济主体的财会工作的内容、方法和业务流程专业知识，是我们汇集切身工作经验，对实际工作中先进的管理方法的提炼和融合。本套丛书具有以下特点：一、全面的乡镇财会知识介绍；二、完整的乡镇财会实务展示；三、实用财务管理方法的提炼；四、理论知识与实务例证的融合。因而本套丛书将会成为乡镇财会人员工作中的好帮手。

我国乡镇经济主体在性质上种类多样，各自执行的会计制度和财会实务操作差别较大。概括地说，我国乡镇经济主体的类别及其会计核算的特点如下：①乡镇行政单位，主要指党政办公机构，是不从事创收活动的非盈利性单位，财务管理以财政预算拨款为中心，日常财务收支必须严格服从国家预算管理的要求，这些单位会计主体单一，以收付实现制为会计核算的基础，并不需要核算成本，执行《行政单位会计制度》。②全额拨款事业单位和差额补助事业单位，主要包括文教科卫、农林水利气象、优抚等事业单位，这些单位经费来源既有财政预算拨款，又有自己创收的收入，从事经营活动的可以依法进行成本核算，会计核算一般采用收付实现制，但经营性收支业务可采用权责发生制，主要执行《事业单位会计制度》。③村集体经济组织，主要指按村或村民小组设置的社区性集体经济组织，会计核算采用权责发生制，自 2005 年 1 月 1 日开始依法执行《村集体经济组织会计制度》。④自收自支的事业单位和企业，依法执行国家企业性会计制度。

目前我国乡镇会计核算体制差异比较大，有的已经实行乡镇会计集中核算，例如：江苏省“村账乡管”模式，有的仍是各乡镇经济主体自行管理会计核算工作。为了更客观、全面地介绍乡镇会计实务工作，本套丛书采取按经济主体类别分别介绍其财会实务操作。

本套丛书总的内容包括乡镇经济主体的会计实务基础知识、总账、往来账、成本、税收、财务分析和财务预算会计实务七个部分。本书主要介绍成本会计实务，书中全面系统地向读者介绍了成本会计岗位的实务工作内容和职责。我们对成本会计实务的介绍，既有工作经验方面的总结，又紧密地辅之以实际案例，将工作经验与实务工作紧紧地融合在一起，让读者全面真切地体验各乡镇经济主体成本会计工作。

在本书写稿过程中，江苏省淮安市楚州区财政局王开阳、仇桥镇财政所仇桂保、卢龙同志对本书的完稿给予了很大帮助，在此一并表示感谢。

由于本书成书仓促，见解方面也难免会有疏漏，如有不足之处，恳请广大读者指正，以便本书再版时能加以补正。

张洪兵

于北京

目　　录

第一章　乡镇经济主体成本会计实务概述

第一节　成本会计岗位职能及其重要性

一、成本会计岗位职能

（一）成本资金占用形态管理

成本是经济主体对特定资产的资金投入，是经济主体资金占用形态的一种反映。在实务中经济主体对成本的管理包括：成本资金在经营过程中不同阶段有不同的形式，如原材料的采购成本，产品的生产成本，产品的销售成本等等，不同阶段的成本资金要分别进行反映和监督。

成本会计按核算科目类别，将经济主体成本资金投入和结转分别记录在特定的实物账户，单独核算，以便于管理和控制。

（二）成本核算管理

成本构成因素主要有：生产领用原料、生产人员薪酬福利支出、租赁费和水电费等支出。在实际工作中，会计对成本核算管理包括：生产费用的归集和分配，成本核算对象的和成本项目的确定，成本核算办法和核算程序设计。

成本会计结合本单位的实际情况，在总账科目下设置子科目，将生产领用的原料和发生的薪酬福利费等费用支出分别记录在特定的核算账户，单独核算，以便于管理和控制。

（三）存货计价方法管理

价格是存货核算的重要内容之一，存货计价通常实行实际成本法。对于原料采购，存货成本包括：购货价格、购货费用和税金（指消费税及其附加税、关税，有时也包括增值税及其附加税）；对于生产成本，存货成本包括：原料成本和制造费用；对于商品存货，成本为库存商品和商品进销差价成本。

经济主体存货计价方法通常有个别计价法、先进先出法、加权平均法、移动平均法、后进先出法和计划成本法等。从事商品零售的，还可以选用“售价金额法”计价核算。经济主体可以根据本单位实际情况选用计价方法，但是计价方法一经确定，不得随意变更，如需变更，必须在次年年初向主管税务机关申请报批。

（四）成本分析管理

成本分析是企业生产经营分析的重要内容之一，在实务中经济主体通常定期对成本进行分析管理。经济主体成本分析管理包括：成本构成分析、原料存货收发存分析、生产存货产销存分析和商品存货余额分析等。

成本会计主要按存货实物名称和客户关系，依据账簿的核算资料，对存货成本进行分析管理。

（五）存货实物盘点管理

数量也是存货核算的重要内容，通常，经济主体对存货数量的盘存方法有“实地盘存制”和“永续盘存制”，经济主体定期对存货实物进行盘点，是存货安全管理的重要内容。

成本会计参与存货盘点方案的制订和执行，在盘点记录上签字确认，将盘点记录与账存数量核对，及时将盘点和对账结果报经济主体决策层领导审批，并依据领导批示入账核算。

二、成本会计岗位重要性

（一）内部控制的重要环节

成本会计通过自身的岗位职责，参与原料采购业务管理、生产业务管理和销售业务管理工作，从财务角度控制企业的物资流、资金流和信息流，并承担相应的岗位责任。会计通过审核原始单证和有关业务资料，进行入账确认；通过成本账户管理和逐笔核算，及时反映经济主体对特定资产的资金投入和结转情况；通过对成本的分析管理，及时反映经济主体生产过程中存在的问题和不足，并对采购人员和销售人员的业绩进行监督。

（二）必要的业务审核

会计审核是经济主体成本资金投入和结转的前提。成本会计通过审核采购人员、生产人员和销售人员提交的单证和合同资料，对有关成本资料的真实性、时效性、合法合规性和正确性等进行确认，并制作记账凭证入账；通过审核存货实物盘点记录，对存货的盘盈或盘亏进行确认。

（三）及时正确反映资金投入的需要

存货是经济主体资金占用的一种形态，存货资金投入量的多少和存货周转速度，直接反映经济主体生产经营状况。会计通过成本账簿，及时正确核算存货成本的增减和结存；通过定期编制分析报表，及时反映资金的运作情况。

（四）为产品定价提供依据

通常经济主体的定价方法为：价格＝成本＋利润＋税金，会计及时正确核算产品成本，为库存商品合理定价提供定价基础。

（五）实物资产安全管理的保障

成本会计通过日常的入账审核，确认存货入账的数量、单价和金额；通过成本账簿核算，及时记录当期存货的收发存情况；通过定期对存货进行实物盘点，并与账面核对，及时了解和确认存货盘亏，保证存货账实一致。

（六）为财务分析和财务预算提供依据

成本会计定期编制的成本构成分析表、原料存货收发存分析表、生产存货产销存分析表和商品存货余额分析表等，既为财务分析人员的横向分析和趋势分析提供了资料，也为经济主体高层领导的预测、决策提供了资料，并有助于经济主体及时调整生产经营政策，合理规划生产计划、采购计划和财务预算，更及时有效地控制成本和资金流。

第二节　乡镇经济主体成本核算管理差异

一、全额拨款和差额补助事业单位成本核算管理

全额拨款事业单位和差额补助事业单位主要从事专业业务活动及辅助活动，经营活动不是其主业，在这些单位，成本费用管理一般是从属性的。

全额拨款事业单位和差额补助事业单位开展各项专业业务活动及辅助活动所发生的事业支出、专款支出、上缴上级支出、对其他单位的拨款和所属单位的补助支出，依法都不应作为成本费用管理。

全额拨款事业单位和差额补助事业单位成本核算科目主要有："原材料"、"包装物"、"低值易耗品"、"材料成本差异"、"商品进销差价"、"制造费用"、"生产成本"、"库存商品"、"委托加工物资"、"分期收款发出商品"、"发出商品"、"委托代销商品"、"经营支出"等。其中"经营支出"科目用来核算事业单位在经营活动中发生的全部损益性支出。

二、村集体经济组织成本核算管理

村集体经济组织成本核算科目主要有：

（一）库存物资：用来核算村集体经济组织各种原材料、农用

材料、农产品、工业产成品等物资入库、出库和库存的数量、金额和价格。

（二）牲畜（禽）资产：用来核算村集体经济组织购入或培育的牲畜（禽）的成本。

（三）林木资产：用来核算村集体经济组织购入或营造的林木的成本。

（四）生产（劳务）成本：用来核算村集体经济组织直接组织生产或对外提供劳务等活动所发生的各项生产费用和劳务成本。

（五）经营支出：用来核算村集体经济组织因销售商品、农产品、对外提供劳务等活动而发生的实际损益性支出。

（六）其他支出：用来核算村集体经济组织定期盘点清查库存物资出现盘亏和毁损时，将扣除过失人或保险公司应赔偿金额后的净损失。

三、企业和自收自支事业单位成本核算管理

按照国家有关规定，自收自支事业单位实行企业化管理。

企业和自收自支事业单位成本核算科目主要有“原材料”、“包装物”、“低值易耗品”、“材料成本差异”、“商品进销差价”、“制造费用”、“生产成本”、“库存商品”、“委托加工物资”、“分期收款发出商品”、“发出商品”、“委托代销商品”、“其他业务支出”、“主营业务成本”等。

第二章　村集体经济组织成本会计实务

第一节　库存物资成本管理实务

一、库存物资成本管理概述

库存物资科目核算村集体经济组织各种原材料、农用材料、农产品、工业产成品等物资入库、出库和库存数量、金额和成本。

库存物资入库包括：村集体经济组织购买或其他单位及个人投资投入的原材料、农用材料等物资入库、生产的农产品收获入库、工业产成品完工入库、库存物资盘盈等。

库存物资出库包括：库存物资领用、库存物资销售、库存物资投资、库存物资盘亏等。

库存物资应定期盘点清查，发现物资盘盈或盘亏时，经审核批准后，对于盘盈的物资，入账时，在增加库存物资的同时，物资的价值依法应计入“其他收入”科目；对于盘亏的物资，入账时，在减少库存物资的同时，物资的价值在依法扣除过失人或保险公司应赔偿金额后的净损失应计入“其他支出”科目。

库存物资出库的计价方法管理，见本书“存货计价方法管理”有关内容。

因村集体经济组织会计制度未作规定，故本书“存货期末计价管理”有关内容不适用于村集体经济组织。

二、库存物资成本管理实务

（一）库存物资入库管理

库存物资入库管理主要有：村集体经济组织购买或其他单位及个人投资投入的原材料、农用材料等物资入库、农产品收获入库、工业产成品完工入库、库存物资盘盈等。

1. 流程管理

1.1 流程图

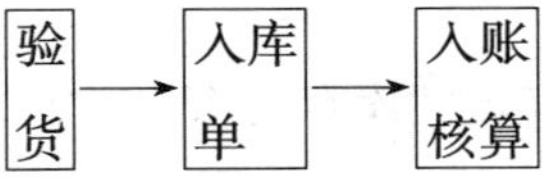

1.2 流程说明

1.2.1 购买物资、投资者投入物资、生产的农产品、工业产成品完工入库时，有关经办人对物资的质量和数量进行验收，无误后，办理入库手续。

1.2.2 仓库经办人填写“入库单”，详细填写物资的名称、规格和数量等，将入库单中的一联交财务入账。

1.2.3 会计审核“入库单”和发票等相关单证，无误后，将数量、单价和金额过入有关库存物资账簿核算，及时反映库存物资增加业务。

2. 审核单证，制作记账凭证

（1）购买农用材料

审核单证：审核购货发票和“入库单”，确认入账依据、真实性、合法合规性和“证证”一致性。

制作记账凭证：借记“库存物资——××材料”，贷记“银行存款——××银行”或“现金”、“预付账款——××单位”、“应付账款——××单位”等相关科目。

（2）投资者投入原材料

审核单证：结合合同，审核“入库单”等单证，确认入账依据、真实性、合法合规性和“证证”一致性。

制作记账凭证：借记“库存物资——××材料”，贷记“资本——××单位（或个人）”。

（3）农产品收获入库

审核单证：结合农产品生产成本账簿，审核“入库单”、“成本结转计算单”等单证，确认入账依据、真实性、合法合规性和“证证”一致性。

制作记账凭证：借记“库存物资——××农产品”，贷记“生产（劳务）成本”。

（4）工业产成品完工入库

审核单证：结合工业产品生产成本账簿，审核“入库单”、“成本结转计算单”等单证，确认入账依据、真实性、合法合规性和“证证”一致性。

制作记账凭证：借记“库存物资——××工业产品”，贷记“生产（劳务）成本”。

3. 库存物资入库账务处理实例

实例：甲村5月16日从NB商店购入荧光灯20支，货款100元，已取得购货发票，原料仓库送来“入库单”。

账务处理：会计结合合同审核购货发票和“入库单”，无误后，进行下列账务处理：

制作记账凭证时，会计在“摘要”栏填写“购入荧光灯”，在“科目”和“金额”栏分别按总账科目和明细科目、借方和贷方填写分录，即借记“库存物资——荧光灯100”，贷记“现金100”，金额都以“蓝”字入账。将“入库单”贴在记账凭证后面入账。

登记账簿时，将采购荧光灯的数量、单价和金额过入库存物资账簿核算。

（二）库存物资出库管理

库存物资出库管理主要有：库存物资领用、库存物资销售、库存物资投资、库存物资盘亏等。

1. 流程管理

1.1 流程图

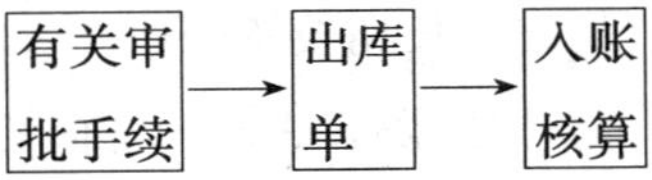

1.2 流程说明

1.2.1 村集体经济组织销售物资、领用物资、对外投资时，有关经办人依法制作物资出库审批单，经村主管领导审批后，提交仓库等有关办理物资出库。

1.2.2 仓库经办人审核物资出库审批单，无误后，开具“出库单”，经仓库负责人审核确认，办理库存物资出库，并将“出库单”中的一联交财务入账。

1.2.3 会计结合物资出库审批单，审核“出库单”无误后，制作记账凭证入账核算。

2. 审核单证，制作记账凭证

（1）库存物资领用

审核单证：结合生产计划，审核“领料单”、“出库单”等单证，确认入账依据、真实性、合法合规性和“证证”一致性。

制作记账凭证：借记“生产（劳务）成本”，贷记“库存物资——××材料”。

（2）库存物资销售

审核单证：结合合同，审核“发货通知单”、“出库单”等单证，确认入账依据、真实性、合法合规性和“证证”一致性。

制作记账凭证：借记“经营支出——物资销售成本”，贷记“库存物资——××材料”。

（3）库存物资投资

审核单证：结合投资合同，审核“出库单”等单证，确认入账依据、真实性、合法合规性和“证证”一致性。

制作记账凭证：借记“长期投资——××单位”，贷记“库存物资——××材料”，合同或协议确定的价值与出库账面价值之间的差额借记或贷记“公积公益金”。

3. 库存物资出库账务处理实例

实例：2004年9月16日甲村卖给粮管所1000公斤稻谷，仓库送来“出库单”，稻谷成本价0.80元/公斤。

账务处理：会计审核“出库单”，无误后，进行下列账务处理：

制作记账凭证时，会计在“摘要”栏填写“售稻谷”，在“科目”和“金额”栏分别按总账科目和明细科目、借方和贷方填写分录，即借记“经营支出——物资销售800”，贷记“库存物资——稻谷800”，金额都以“蓝”字入账。将“出库单”贴在记账凭证后面入账。

登记账簿时，将出库稻谷的数量、单价和金额过入账簿核算，结转稻谷成本。

（三）库存物资盘点差异账务处理管理

1. 流程管理

1.1 流程图

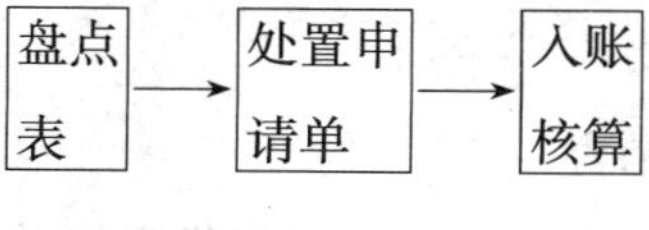

1.2 流程说明

1.2.1 库存物资管理部门审阅盘点表，找出库存物资账存与实存不一致的差异项。

1.2.2 库存物资管理部门将盘点差异归结，连同差异原因和处置意见报村主管领导审批。

1.2.3 会计结合盘点表，审核盘点差异处置申请单及其审批手续等，无误后，入账核算。

2. 审核单证，制作记账凭证

（1）库存物资盘盈

审核单证：审核库存物资盘点表、库存物资盘点差异处置申请单等单证，确认入账依据、真实性、合法合规性和“证证”一致性。

制作记账凭证：借记“库存物资——××材料”，贷记“其他收入——××物资盘盈”。

（2）库存物资盘亏

审核单证：审核库存物资盘点表、库存物资盘点差异处置申请单等单证，确认入账依据、真实性、合法合规性和“证证”一致性。

制作记账凭证：借记“其他支出——××物资盘亏”，贷记“库存物资——××材料”。

3. 库存物资盘点差异账务处理实例

实例：2004 年 12 月 20 日，甲村存货盘点，盘盈花生仁 40 公斤，成本价 1.50 元/公斤。查明属日常收发误差。“存货盘点差异申请单”已经通过村主管领导审批。

账务处理：会计审核盘点表、存货盘点差异申请单等单证，无误后，进行下列账务处理：

制作记账凭证时，会计在“摘要”栏填写“年终存货盘盈入账”，在“科目”和“金额”栏分别按总账科目和明细科目、借方和贷方填写分录，对于存货盘盈，会计借记“库存物资——花生仁60”，贷记“其他收入——物资盘盈60”，金额都以“蓝”字入账，将盘点表、存货盘点差异申请单贴在记账凭证后面入账。

登记账簿时，将盘盈花生仁入库的数量、单价和金额过入账簿核算。

（四）库存物资账簿和财务分析管理

库存物资账簿管理详见本书第五章有关内容。

库存物资财务分析管理主要有库存物资期末余额构成分析、库存物资收发存分析等，详见本书第五章有关内容。

第二节 牲畜（禽）资产成本管理实务

一、概述

“牲畜（禽）资产”科目核算村集体经济组织购入或培育的牲畜（禽）的成本。本科目设置“幼畜及育肥畜”和“产役畜”两个二级科目。

村集体经济组织购入幼畜及育肥畜成本，按购买价及相关税费计算。饲养过程中发生的饲料、人工投入等饲养费用，计入幼畜及育肥畜成本。

幼畜成龄转作产役畜时，按账面实际成本结转为产役畜成本。产役畜饲养过程中发生的饲料、人工投入等饲养费用不再记入产役畜成本，即不在本科目核算，而是计入反映当期损益的“经营支出”科目核算。产役畜的成本扣除预计残值后的部分，应在其正常生产周期内，按照直线法分期摊销记入“经营支出”科目。

幼畜及育肥畜和产役畜对外销售时，按照销售牲畜的实际成本，借记“经营支出”科目。

以幼畜及育肥畜和产役畜对外投资时，按照合同、协议确定的价值确认投资成本，合同或协议确定的价值与牲畜资产账面价值之间的差额计入“公积公益金”科目。

牲畜死亡毁损时，按规定程序批准后，按照扣除过失人和保险公司应赔偿金额后，发生净损失的，按净损失记入“其他支出”科目；发生净收益的，按净收益记入“其他收入”科目核算。

二、牲畜（禽）资产成本管理实务

（一）购入或培育的幼畜及育肥畜成本管理

购入或培育的幼畜及育肥畜成本管理主要有：购入幼畜及育肥畜成本管理、培育的幼畜及育肥畜成本管理。

1. 流程管理

1.1 流程图

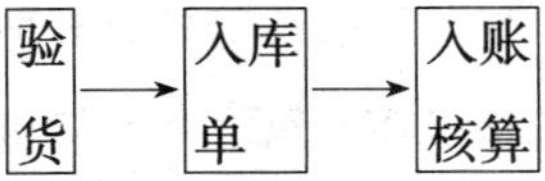

1.2 流程说明

1.2.1 购买或培育幼畜育肥畜入库时，有关经办人进行验收，无误后，办理入库手续。

1.2.2 仓库经办人填写“入库单”，详细填写畜（禽）资产的名称、规格和数量等，将入库单中的一联交财务入账。

1.2.3 会计审核“入库单”和发票等相关单证，无误后，将数量、单价和金额过入账簿核算。

2. 审核单证，制作记账凭证

（1）购入幼畜及育肥畜成本管理

审核单证：审核“入库单”等单证，确认入账依据、真实性、合法合规性和“证证”一致性。

制作记账凭证：借记“牲畜（禽）资产——××牲畜（禽）”，贷记“现金”、“银行存款——××银行”等相关科目。

（2）培育的幼畜及育肥畜成本管理

审核单证：审核“入库单”等单证，确认入账依据、真实性、合法合规性和“证证”一致性。

制作记账凭证：借记“牲畜（禽）资产——××牲畜（禽）”，贷记“生产（劳务）成本”。

3. 购入或培育的幼畜及育肥畜成本账务处理实例

实例：甲村4月10日从集市购入育肥畜猪仔20头，货款890元，猪场送来“入库单”。

账务处理：会计审核“入库单”和验收单等单证，无误后，进行下列账务处理：

制作记账凭证时，会计在“摘要”栏填写“购入育肥畜猪仔”，在“科目”和“金额”栏分别按总账科目和明细科目、借方和贷方填写分录，即借记“牲畜（禽）资产——幼畜及育肥畜890”，贷记“现金890”，金额都以“蓝”字入账。将“入库单”等贴在记账凭证后面入账。

登记账簿时，将采购猪仔的数量、单价和金额过入牲畜（禽）资产账簿核算。

（二）牲畜（禽）饲养成本管理

牲畜（禽）饲养成本主要有：幼畜及育肥畜饲养费用、产役畜饲养费用。

1. 流程管理

1.1 流程图

1.2 流程说明

1.2.1 饲养牲畜发生领用饲料等物资时，会计审核“出库单”等单证；对于发生人工费用，审核工资发放表等，无误后，确认牲畜饲养费用。

1.2.2 会计按饲养的牲畜种类等情况，分摊相应的饲养费用，并制作费用分摊计算表。

1.2.3 会计将各类牲畜饲养费用入账核算。

2. 审核单证，制作记账凭证

(1) 幼畜及育肥畜饲养费用管理

审核单证：审核饲养费用发生单证，对于领用饲料等物资，审核“出库单”等单证；对于人工费，审核工资发放表等单证，确认入账依据、真实性、合法合规性和“证证”一致性。

制作记账凭证：借记“牲畜（禽）资产——××牲畜（禽）”，贷记“库存物资——××材料”、“应付工资”等科目。

(2) 产役畜饲养费用管理

审核单证：审核饲养费用发生单证，对于领用饲料等物资，审核“出库单”等单证；对于人工费，审核工资发放表等单证，确认入账依据、真实性、合法合规性和“证证”一致性。

制作记账凭证：在记账凭证上借记“经营支出——产役畜饲养费用”，贷记“库存物资——××材料”、“应付工资”等科目。

3. 牲畜（禽）饲养成本账务处理实例

实例：2005 年 2 月份，甲村猪场领用饲料 300 公斤，账面成本价 0.60 元/公斤，仓库送来“出库单”。

账务处理：会计审核“出库单”，无误后，进行下列账务处理：

制作记账凭证时，会计在“摘要”栏填写“2 月份猪场领用饲料”，在“科目”和“金额”栏分别按总账科目和明细科目、借方和贷方填写分录，即借记“牲畜（禽）资产——育肥畜 180”，贷记

"库存物资——饲料 180"，金额都以"蓝"字入账。将"出库单"贴在记账凭证后面入账。

登记账簿时，将结转的饲料成本过入账簿核算。

（三）牲畜（禽）资产处置成本管理

牲畜（禽）资产处置主要有：幼畜成龄转作产役畜、幼畜及育肥畜和产役畜对外销售、幼畜及育肥畜和产役畜对外投资等。

1. 流程管理

1.1 流程图

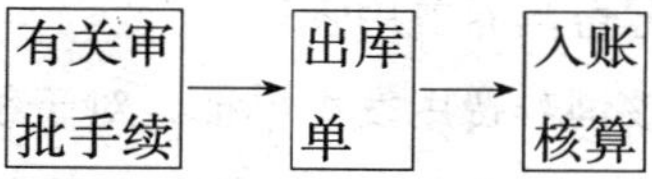

1.2 流程说明

1.2.1 村集体经济组织销售牲畜、幼畜成龄转作产役畜、以牲畜对外投资时，有关经办人依法制作出库审批单，经村主管领导审批后，提交仓库等有关办理物资出库。

1.2.2 仓库经办人审核出库审批单，无误后，开具"出库单"，经仓库负责人审核确认，办理出库，并将"出库单"中的一联交财务入账。

1.2.3 会计结合出库审批单，审核"出库单"无误后，制作记账凭证入账核算。

2. 审核单证，制作记账凭证

（1）幼畜成龄转作产役畜

审核单证：审核幼畜成龄转作产役畜申请单及审批手续等单证，确认入账依据、真实性、合法合规性和"证证"一致性。

制作记账凭证：借记"牲畜（禽）资产——产役畜"，贷记"牲畜（禽）资产——幼畜及育肥畜"。

（2）幼畜及育肥畜和产役畜对外销售

审核单证： 结合合同，审核幼畜及育肥畜和产役畜对外销售审批单、“出库单”等单证，确认入账依据、真实性、合法合规性和“证证”一致性。

制作记账凭证： 借记“经营支出——畜禽销售”，贷记“牲畜（禽）资产——××牲畜（禽）”。

（3）幼畜及育肥畜和产役畜对外投资

审核单证： 结合合同，审核幼畜及育肥畜和产役畜对外投资审批单、“出库单”等单证，确认入账依据、真实性、合法合规性和“证证”一致性。

制作记账凭证： 借记“长期投资——××单位”，贷记“牲畜（禽）资产——××牲畜（禽）”。

3. 牲畜（禽）资产处置成本账务处理实例

实例： 2005 年 2 月 16 日甲村卖给肉联厂生猪 20 头，猪场送来“出库单”，分摊账面成本 1200 元。

账务处理： 会计审核“出库单”，无误后，进行下列账务处理：

制作记账凭证时，会计在“摘要”栏填写“售肥猪”，在“科目”和“金额”栏分别按总账科目和明细科目、借方和贷方填写分录，即借记“经营支出——生猪销售 1200”，贷记“牲畜（禽）资产——肥猪 1200”，金额都以“蓝”字入账。将“出库单”贴在记账凭证后面入账。

登记账簿时，将出售肥猪的数量和金额过入账簿核算，结转肥猪成本。

（四）牲畜（禽）资产死亡毁损成本管理

牲畜（禽）资产死亡毁损成本管理主要有：牲畜死亡毁损时发生净损失、牲畜死亡毁损时发生净收益。

1. 流程管理

1.1 流程图

落实责任 → 处置申请 → 入账核算

1.2 流程说明

1.2.1 牲畜（禽）资产死亡毁损时，有关经办人查清原因，落实相关责任。

1.2.2 将牲畜（禽）资产死亡毁损情况及其原因报村主管领导审批，根据领导批示办理死亡毁损的牲畜（禽）资产处置事宜。

1.2.3 会计审核处置申请、村主管领导审批、资产处置单证等相关单证，无误后，入账核算。

2. 审核单证，制作记账凭证

（1）牲畜死亡毁损时发生净损失

审核单证：审核牲畜死亡毁损申请单、村主管领导批件、保险公司理赔单、死亡毁损牲畜处置业务单证等有关单证，确认入账依据的真实性、完整性、合法合规性。

制作记账凭证：借记"现金"、"应收款——保险公司"、"内部往来——个人"、"其他支出——牲畜死亡毁损"等有关科目，贷记"牲畜（禽）资产——××资产"。

（2）牲畜死亡毁损时发生净收益

审核单证：审核牲畜死亡毁损申请单、村主管领导批件、保险公司理赔单、死亡毁损牲畜处置业务单证等有关单证，确认入账依据的真实性、完整性、合法合规性。

制作记账凭证：借记"现金"、"应收款——保险公司"、"内部往来——个人"等有关科目，贷记"牲畜（禽）资产——××资产"、"其他收入——牲畜死亡毁损收益"。

3. 牲畜（禽）资产死亡毁损成本账务处理实例

实例：2005 年 1 月 18 日，甲村病死奶牛 1 头，账面成本 1250

元。村主管领导批示作正常损失处理，死牛掩埋。

账务处理：会计审核奶牛死亡申请单、死牛处置业务单证等，确认入账依据、真实性、合法合规性和“证证”一致性。

制作记账凭证时，会计在记账凭证“摘要”栏填写“奶牛死亡入账”，在“科目”和“金额”栏分别按总账科目和明细科目、借方和贷方填写分录，即会计借记“其他支出——牲畜死亡毁损1250”科目，贷记“牲畜（禽）资产——产役畜1250”，金额都以“蓝”字入账，将奶牛死亡申请单等单证贴在记账凭证后面入账。

登记账簿时，将死亡奶牛的数量和金额过入账簿核算，结转成本。

（五）牲畜（禽）资产账簿和财务分析管理

牲畜（禽）资产账簿管理详见本书第五章有关内容。

牲畜（禽）资产财务分析管理主要有：牲畜（禽）资产期末余额构成分析等，详见本书第五章有关内容。

第三节　林木资产成本管理实务

一、概述

“林木资产”科目核算村集体经济组织购入或营造的林木成本。本科目设置“经济林木”和“非经济林木”两个二级科目。

村集体经济组织购入经济林木的成本，按购买价及相关税费计算。购入或营造的经济林木投产前发生的培植费用，计入经济林木成本。

经济林木投产后发生的管护费用，不再记入经济林木成本，即不在本科目核算，而是记入“经营支出”科目。经济林木投产后，其成本扣除预计残值后的部分应在其正常生产周期内，按照直线法摊销记入“经营支出”科目。

村集体经济组织购入的非经济林木成本，按购买价及相关税费计算。购入或营造的非经济林木在郁闭前发生的培植费用，计入非经济林木成本。

非经济林木郁闭后发生的管护费用，不再记入林木成本，即不在本科目核算，而是记入“其他支出”科目。

林木采伐出售时，按照出售林木的实际成本，记入“经营支出”科目。

以林木对外投资时，按照合同、协议确定的价值确认投资成本，合同或协议确定的价值与林木资产账面价值之间的差额记入“公积公益金”科目。

林木死亡毁损时，按规定程序批准后，按照扣除过失人和保险公司应赔偿金额后，发生净损失的，按净损失记入“其他支出”科目；发生净收益的，按净收益记入“其他收入”科目核算。

二、林木资产成本管理实务

（一）购入或营造的林木成本管理

购入或营造的林木成本管理主要有：购入林木成本管理、营造林木成本管理。

1. 流程管理

1.1 流程图

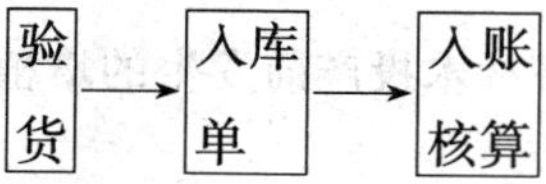

1.2 流程说明

1.2.1 购买或营造林木入库时，有关经办人进行验收，无误后，办理入库手续。

1.2.2 仓库经办人填写“入库单”，详细填写物资的名称、规格和数量等，将入库单中的一联交财务入账。

1.2.3 会计审核“入库单”、发票和验收单等相关单证，无误后，将数量、单价和金额过入账簿核算。

2. 审核单证，制作记账凭证

(1) 购入林木成本管理

审核单证：审核“入库单”、发票和验收单等单证，确认入账依据、真实性、合法合规性和“证证”一致性。

制作记账凭证：借记“林木资产——××林木”，贷记“现金”、“银行存款——××银行”等相关科目。

(2) 营造的林木成本管理

审核单证：审核“入库单”等单证，确认入账依据、真实性、合法合规性和“证证”一致性。

制作记账凭证：借记“林木资产——××林木”，贷记“生产（劳务）成本”。

3. 购入或营造的林木成本账务处理实例

实例：甲村3月23日购入苹果树苗450棵，货款900元，仓库送来“入库单”。

账务处理：会计结合合同，审核“入库单”等单证，无误后，进行下列账务处理：

制作记账凭证时，会计在“摘要”栏填写“购入苹果树苗”，在“科目”和“金额”栏分别按总账科目和明细科目、借方和贷方填写分录，即借记“林木资产——经济林木900”，贷记“现金900”，金额都以“蓝”字入账。将“入库单”等贴在记账凭证后面入账。

登记账簿时，将采购树苗的数量、单价和金额过入林木资产账簿核算。

（二）林木培植费用管理

林木培植费用主要有：经济林木培植费用、非经济林木培植费用。

1. 流程管理

1.1 流程图

培植费用 → 分摊 → 入账核算

1.2 流程说明

1.2.1 培植林木发生领用物资时，会计审核“出库单”等单证；对于发生人工费用，审核工资发放表等，无误后，确认林木培植费用。

1.2.2 会计按培植的林木种类等情况，分摊相应的培植费用，并制作费用分摊表。

1.2.3 会计将林木培植费用入账核算。

2. 审核单证，制作记账凭证

（1）经济林木培植费用

审核单证：审核培植费用发生单证，对于领用物资，审核“出库单”等单证；对于人工费，审核工资发放表等单证，确认入账依据、真实性、合法合规性和“证证”一致性。

制作记账凭证：借记“经营支出——林木培植费用”，贷记“库存物资——××材料”、“应付工资”等科目。

（2）非经济林木培植费用

审核单证：审核培植费用发生单证，对于领用物资，审核“出库单”等单证；对于人工费，审核工资发放表等单证，确认入账依据、真实性、合法合规性和“证证”一致性。

制作记账凭证：借记“经营支出——林木培植费用”，贷记

"库存物资——××材料"、"应付工资"等科目。

3. 林木培植费用账务处理实例

实例：2005 年 1 月 29 日，甲村林场计提次月工资 1.2 万元。

账务处理：会计审核工资计提分配单等，确认入账依据的真实性、完整性、合法合规性和"证证"一致性。

制作记账凭证时，会计在记账凭证"摘要"栏填写"计提 2 月份工资"，在"科目"和"金额"栏分别按总账科目和明细科目、借方和贷方填写分录，即借记"经营支出——培植费用 12000"，贷记"应付工资 12000"，金额都以"蓝"字入账，将工资计提分配单等单证贴在记账凭证后面入账。

登记账簿时，将当期应付工资支出入账核算。

（三）林木管护费用管理

林木管护费用管理主要有：经济林木管护费用、非经济林木管护费用。

1. 流程管理

1.1 流程图

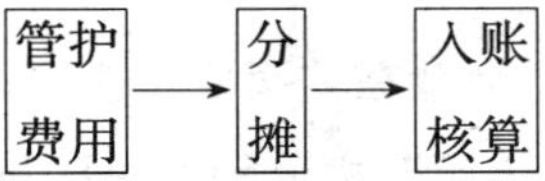

1.2 流程说明

1.2.1 管护林木发生领用物资时，会计审核"出库单"等单证；对于发生人工费用，审核工资发放表等，无误后，确认林木管护费用。

1.2.2 会计按管护的林木种类等情况，分摊相应的管护费用，并制作费用分摊表。

1.2.3 会计将林木管护费用入账核算。

2. 审核单证，制作记账凭证

（1）经济林木管护费用

审核单证：审核培植费用发生单证，对于领用物资，审核“出库单”等单证；对于人工费，审核工资发放表等单证，确认入账依据、真实性、合法合规性和“证证”一致性。

制作记账凭证：借记“经营支出——林木管护费用”，贷记“库存物资——××材料”、“应付工资”等科目。

（2）非经济林木管护费用

审核单证：审核培植费用发生单证，对于领用物资，审核“出库单”等单证；对于人工费，审核工资发放表等单证，确认入账依据、真实性、合法合规性和“证证”一致性。

制作记账凭证：借记“其他支出——林木管护费用”，贷记“库存物资——××材料”、“应付工资”等相关科目。

3. 林木管护费用账务处理实例

实例：2005年1月份，甲村果园领用化肥300公斤，账面成本价1.20元/公斤，仓库送来“出库单”。

账务处理：会计结合领料审批手续，审核“出库单”等，无误后，进行下列账务处理：

制作记账凭证时，会计在“摘要”栏填写“1月份果园领用化肥”，在“科目”和“金额”栏分别按总账科目和明细科目、借方和贷方填写分录，即借记“经营支出——管护费用360”，贷记“库存物资——化肥360”，金额都以“蓝”字入账。将“出库单”贴在记账凭证后面入账。

登记账簿时，将结转的化肥成本过入账簿核算。

（四）林木资产处置成本管理

林木资产处置成本主要有：林木资产对外销售、林木资产对外投资等。

1. 流程管理

1.1 流程图

有关审批手续 → 出库单 → 入账核算

1.2 流程说明

1.2.1 村集体经济组织销售林木、以林木对外投资时，有关经办人依法制作物资出库审批单，经村主管领导审批后，提交仓库等有关办理物资出库。

1.2.2 仓库经办人审核物资出库审批单，无误后，开具“出库单”，经仓库负责人审核确认，办理库存物资出库，并将“出库单”中的一联交财务入账。

1.2.3 会计结合物资出库审批单，审核“出库单”无误后，制作记账凭证入账核算。

2. 审核单证，制作记账凭证

（1）林木资产对外销售

审核单证：结合合同，审核林木资产对外销售审批单、“出库单”等单证，确认入账依据、真实性、合法合规性和“证证”一致性。

制作记账凭证：借记“经营支出——林木销售”，贷记“林木资产——××林木”。

（2）林木资产对外投资

审核单证：结合合同，审核林木资产对外投资审批单、“出库单”等单证，确认入账依据、真实性、合法合规性和“证证”一致性。

制作记账凭证：借记“长期投资——××单位”，贷记“林木资产——××林木”。

3. 林木资产处置成本账务处理实例

实例：2005年5月6日甲村卖给市镇公司风景树苗20000株，苗圃送来“出库单”，分摊账面成本1500元。

账务处理：会计结合合同，审核“出库单”，无误后，进行下列账务处理：

制作记账凭证时，会计在“摘要”栏填写“售风景树”，在“科目”和“金额”栏分别按总账科目和明细科目、借方和贷方填写分录，即借记“经营支出——风景树销售1500”，贷记“林木资产——风景树苗1500”，金额都以“蓝”字入账。将“出库单”贴在记账凭证后面入账。

登记账簿时，将出售风景树苗的数量、单价和金额过入账簿核算，结转风景树苗成本。

（五）林木死亡毁损成本管理

林木死亡毁损成本管理主要有：林木死亡毁损时发生净损失、林木死亡毁损时发生净收益。

1. 流程管理

1.1 流程图

落实责任 → 处置申请 → 入账核算

1.2 流程说明

1.2.1 林木死亡毁损时，有关经办人查清原因，落实相关责任。

1.2.2 将林木死亡毁损情况及其原因报村主管领导审批，根据领导批示办理死亡毁损的林木处置事宜。

1.2.3 会计审核处置申请、村主管领导审批、资产处置单证等相关单证，无误后，入账核算。

2. 审核单证，制作记账凭证

（1）林木死亡毁损时发生净损失

审核单证：审核林木死亡毁损申请单、村主管领导批件、保险公司理赔单、死亡毁损林木处置业务单证等有关单证，确认入账依据的真实性、完整性、合法合规性。

制作记账凭证：借记“现金”、“应收款——保险公司”、“内部往来——个人”、“其他支出——林木死亡毁损”等有关科目，贷记“林木资产——××林木”。

（2）林木死亡毁损时发生净收益

审核单证：审核林木死亡毁损申请单、村主管领导批件、保险公司理赔单、死亡毁损林木处置业务单证等有关单证，确认入账依据的真实性、完整性、合法合规性。

制作记账凭证：借记“现金”、“应收款——保险公司”、“内部往来——个人”等有关科目，贷记“林木资产——××林木”、“其他收入——林木死亡毁损收益”。

3. 林木死亡毁损成本账务处理实例

实例：2005 年 1 月 3 日，甲村林场失火烧毁防护林 1 批，分摊账面成本 128250 元。经查明原因为自然起火。按保险合同，保险公司应赔损失 102600 元。村主管领导批示作正常损失处理。

账务处理：会计审核林木毁损申请单、保险公司理赔单等，确认入账依据、真实性、合法合规性和“证证”一致性。

制作记账凭证时，会计在记账凭证“摘要”栏填写“林木毁损入账”，在“科目”和“金额”栏分别按总账科目和明细科目、借方和贷方填写分录，即会计借记“其他支出——林木毁损 25650”科目，“应收款——保险公司 102600”，贷记“林木资产——非经济林木 128250”，金额都以“蓝”字入账，将林木毁损申请单、保险公司理赔单等单证贴在记账凭证后面入账。

登记账簿时，将烧毁防护林木的数量、单价和金额过入账簿核算，结转成本。

（六）林木资产账簿和财务分析管理

林木资产账簿管理详见本书第五章有关内容。

林木资产财务分析管理主要有林木资产期末余额构成分析等，详见本书第五章有关内容。

第四节　生产（劳务）成本管理实务

“生产（劳务）成本”科目核算村集体经济组织直接组织生产或对外提供劳务等活动所发生的各项生产费用和劳务成本。

村集体经济组织发生的生产（劳务）成本，可以参照本书企业“生产成本”管理有关章节办理。与企业不同的是：①在产品完工结转成本时，村集体经济组织发生的生产成本应转入“库存物资”科目核算，而不是“库存商品”；②在劳务完工确认收入时，村集体经济组织发生的劳务成本应转入“经营支出”科目核算，而不是“主营业务成本”。

在实务中，对于村集体经济组织的规模小、业务量不大的生产加工部门，为了简化会计核算工作，通常不再单设“生产成本”、“辅助生产成本”、“制造费用”等核算生产加工业务的明细账，直接设置“生产费用”明细账，将生产领用原材料成本、低值易耗品摊销、计提折旧、生产人员薪酬福利费、房租费、水电费和维修维护费等业务，并入“生产费用”明细账核算，会计在月末（采用“分批法”核算成本的企业，在产品完工时)，结转分摊到相应的产成品成本。这种核算方法比较综合，不便于加强日常管理，难于正确核算产品的成本费用。

第五节 经营支出管理实务

一、概述

“经营支出”科目核算村集体经济组织因销售商品、农产品、对外提供劳务等活动而发生的实际支出、产役畜饲养费用、产役畜成本摊销、投产的经济林木成本摊销、投产的经济林木管护费用。

村集体经济组织应根据实际情况，采用先进先出法、加权平均法和个别计价法等方法，确定本期销售的商品、农产品等的实际成本。方法一经选定，不得随意变更。

年终，应将本科目的余额转入“本年收益”科目的借方，结转后本科目应无余额。

二、经营支出管理实务

（一）经营支出管理

经营支出发生管理主要有：销售商品、农产品、对外提供劳务等活动发生的实际支出、产役畜成本摊销、投产的经济林木成本摊销、产役畜饲养费用等。

1. 审核单证，制作记账凭证

（1）销售商品、农产品

审核单证：结合销售合同，审核“出库单”等单证，确认入账依据、金额和合法合规性。

制作记账凭证：借记“经营支出——物资销售成本”，贷记“库存物资——××物资”。

（2）对外提供劳务活动而发生的实际支出

审核单证：结合有关对外提供劳务合同，审核有关费用支出单证，确认入账依据、金额和合法合规性。

制作记账凭证：借记“经营支出——劳务支出”，贷记“银行存款——××账号”或“现金”等相关科目。

（3）产役畜饲养费用

审核单证：审核饲养费用发生单证，对于领用饲料等物资，审核“出库单”等单证；对于人工费，审核工资发放表等单证，确认入账依据、真实性、合法合规性和“证证”一致性。

制作记账凭证：借记“经营支出——产役畜饲养费用”，贷记“库存物资——××材料”、“应付工资”等科目。

（4）投产的经济林木成本摊销

审核单证：审核经济林木成本摊销计算单，确认入账依据、金额和合法合规性。

制作记账凭证：借记“经营支出——经济林木成本摊销”，贷记“林木资产——经济林木”。

2. 经营支出发生账务处理实例

实例：2003 年 3 月 6 日，甲村销售给 DR 榨油厂大豆 8000 公斤，该批大豆成本价 2 元/公斤，大豆发出，仓库送来“出库单”。

账务处理：会计结合销售合同，审核“出库单”等单证，无误后，进行下列账务处理：

制作记账凭证时，会计在“摘要”栏填写“结转销售大豆成本”，在“科目”和“金额”栏分别按总账科目和明细科目、借方和贷方填写分录，即借记“经营支出——物资销售成本 16000”，贷记“库存商品——大豆 16000”，金额都以“蓝”字入账，将“出库单”等单证贴在记账凭证后面入账。

登记账簿时，将销售大豆的成本过入经营支出账簿核算。

（二）经营支出结转管理

1. 审核单证，制作记账凭证

审核单证：审核账面核算结果等，确认入账依据的真实性、完整性、合法合规性。

制作记账凭证：借记“本年收益”，贷记“经营支出”。

2. 经营支出结转账务处理实例

实例：2004 年 10 月 31 日，甲村当月合计发生经营支出 12852 元，月末结转本年收益。

账务处理：会计审核账面核算结果等，确认入账依据的真实性、完整性、合法合规性。

制作记账凭证时，会计在记账凭证“摘要”栏填写“经营支出结转本年收益”，在“科目”和“金额”栏分别按总账科目和明细科目、借方和贷方填写分录，即借记“本年收益 12852”，贷记“经营支出 12852”，金额都以“蓝”字入账。

登记账簿时，将当期结转收益的经营支出金额入账核算。

（三）经营支出账簿和财务分析管理

经营支出账簿管理详见本书第五章有关内容。

财务分析管理主要有：经营支出发生额构成分析等，详见本书第五章有关内容。

第三章　乡镇企事业单位成本会计实务

第一节　原料成本会计实务

一、原料成本流程管理实务

1. 流程图

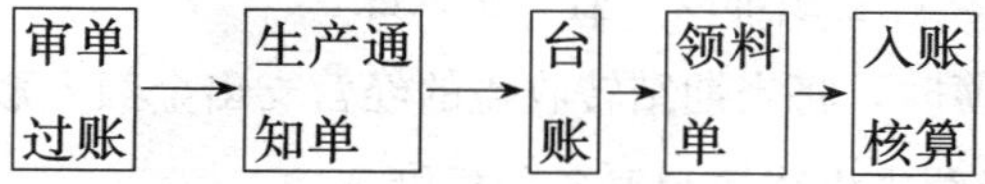

2. 流程说明

2.1 发生原料采购等入库业务时，成本会计审核“入库单”、验收单、发票等单证，无误后，将数量、单价和金额入账核算，及时反映库存原料增加。

2.2 生产领用时，生产部门编制“生产通知单”，注明领料的名称、规格和数量等，会计结合生产计划，审核“生产通知单”，并签署意见后，提交企业主管领导审批。

2.3 会计在审核“生产通知单”时，登记原料领料管理台账。

2.4 原料仓库经办人审核“生产通知单”，无误后，开具“领料单”，经原料仓库负责人审核确认，由生产部门领料人签字后，办理原料出库，并将“领料单”中的一联交生产部门备查，另一联交财务入账。

2.5 会计审核“领料单”，无误后，制作记账凭证入账核算，并在原料领料管理台账上作记录。

3. 单证格式

(1)“原料领料管理台账”格式

原料领料管理台账

年度

序号	生产计划及编号	领料车间	商品名称、规格	发货数量	单价	金额	领料员及日期	会计审核及日期	备注

注:“备注”栏常用于记录仓库出库日期等情况。

(2)“领料单”格式

领　料　单

2001 年 11 月 20 日

生产计划及编号:													
名称及规格	单 位	数 量	单 价	金 额									
				千	百	十	万	千	百	十	元	角	分
合 计													
审核:	保管员:		营销部领用人:										

二、原材料成本管理实务

(一)原材料采购管理

原材料增加核算通常有下列几种情况,即:购入原材料、原材料盘盈、以非货币性资产换入原材料等。购入原材料通常有三种情况，即货到单未到、货到单也到、单到货未到，其中对于单到货未到，当期暂不入账，待下期货到后入账核算。

1. 审核单证，制作记账凭证

(1) 货到单也到

审核单证：结合采购合同，审核购货发票和“入库单”等单证，确认入账依据、真实性、合法合规性和“证证”一致性。

制作记账凭证：借记“原材料——××材料”，借记“应交税金——应交增值税（进项税）”，贷记“银行存款——××银行”或“现金”、“预付账款——××单位”、“应付账款——××单位”等相关科目。

(2) 货到单未到

审核单证：在月末结合采购合同，审核“入库单”等单证，确认入账依据、真实性和合法合规性，暂估入账，待次月收到购货发票时冲回，重新入账。

制作记账凭证：借记“原材料——××材料”，借记“应交税金——增值税（进项税）”，贷记“预付账款——××单位”或“应付账款——××单位”等相关科目。

(3) 以非货币性资产换入原材料

审核单证：对于非货币性交易，结合实物交换合同，审核“入库单”等单证，确认入账依据、金额、合法合规性等。

制作记账凭证：借记“原材料——××材料”，借记“应交税金——应交增值税（进项税）”，贷记“固定资产——××固定资产”，贷记“库存商品——××产品”等相关科目。

2. 原材料采购管理实例

(1) 货到单也到

实例：AS榨油厂2004年5月份从BV粮库购买大豆20 000公

斤，采购成本价 1.60 元/公斤，5 月 10 日取得购货发票，大豆已验收入库，原材料仓库送来“入库单”。采购员办理付款手续。

账务处理：会计结合合同，审核购货发票和“入库单”等单证，无误后，进行下列账务处理：

制作记账凭证时，会计在“摘要”栏填写“购入 BV 粮库大豆”，在“科目”和“金额”栏分别按总账科目和明细科目、借方和贷方填写分录，即借记“原材料——大豆 32000”，借记“应交税金——增值税（进项税）5440”，贷记“银行存款——工行37440”金额都以“蓝”字入账，将购货发票和“入库单”等单证贴在记账凭证后面入账。记账凭证交出纳办理付款。会计审核出纳填写的开户行“电汇委托书”等付款单证或票据，无误后，办理签章（财务印鉴）。

登记账簿时，将采购大豆的数量、单价和金额过入原材料账簿的“大豆”账户核算。

(2) 货到单未到

实例：AS 榨油厂 2004 年 5 月份从 BV 粮库购买大豆 20000 公斤，市场行情价 1.60 元/公斤，5 月 10 大豆已验收入库，原材料仓库送来“入库单”，但是直到 5 月底尚未取得购货发票。

账务处理：会计结合合同，审核“入库单”等单证，无误后，进行下列账务处理：

制作记账凭证时，会计在“摘要”栏填写“购入 BV 粮库大豆暂估入账”，在“科目”和“金额”栏分别按总账科目和明细科目、借方和贷方填写分录，即借记“原材料——大豆 32000”，借记“应交税金——增值税（进项税）5440”，贷记“应付账款——河北 BV 粮库 37440”，金额都以“蓝”字入账。将“入库单”贴在记账凭证后面入账。

登记账簿时，以暂估价将采购大豆的数量、单价和金额过入原材料账簿的“大豆”账户核算，待次月收到购货发票时冲回，重新入账。

（二）原材料成本结转管理

原材料成本结转管理一般有下列几种情况：生产领用原材料、委托加工发出材料、销售原材料、原材料毁损和原材料盘亏等。

1. 审核单证，制作记账凭证

（1）生产领用原材料

审核单证：结合生产计划，审核“领料单”等单证，确认入账依据、真实性和合法合规性。

制作记账凭证：借记“生产成本——××在产品——原材料”，贷记“原材料——××材料”。

（2）委托加工发出材料

审核单证：结合委托加工协议，审核“领料单”等单证，确认入账依据、真实性和合法合规性。

制作记账凭证：借记“委托加工物资——××单位”，贷记“原材料——××材料”。

（3）销售原材料

审核单证：结合销售合同，审核“出库单”等单证，确认入账依据、真实性和合法合规性。

制作记账凭证：借记“其他业务支出——销售原材料”，贷记“原材料——××材料”。

（4）原材料毁损

审核单证：审核“存货盘点表”或其他有关毁损证明批件等单证，确认入账依据、真实性和合法合规性。

制作记账凭证：根据企业领导批示，借记“待处理资产损溢——待处理流动资产损溢”等相关科目，贷记“原材料——××材料”。

2. 原材料成本结转管理实例

（1）生产领用原材料

实例： 2004年5月份，AS榨油厂豆油车间执行当月生产10000公斤豆油计划，5月2日从原材料仓库领取大豆1000公斤，采购成本价1.60元/公斤，原材料仓库送来“领料单”。AS榨油厂以“个别计价法”核算。

账务处理： 会计结合生产计划，审核“领料单”等单证，无误后，进行下列账务处理：

制作记账凭证时，会计在“摘要”栏填写“豆油车间5月份领用大豆”，在“科目”和“金额”栏分别按总账科目和明细科目、借方和贷方填写分录，即借记“生产成本——豆油——大豆1600”，贷记“原材料——大豆1600”，金额都以“蓝”字入账。将“领料单”等单证贴在记账凭证后面入账。生产计划按内部管理规定存档。

登记账簿时，将出库大豆的数量、单价和金额过入原材料账簿的“大豆”账户核算，结转原材料成本。

（2）委托加工发出材料

实例： 2004年5月份，AS榨油厂豆油车间执行当月产销10000公斤豆油计划，其中精制豆油2000公斤，AS榨油厂由于设备生产能力不足，且技术水平低，达不到精制豆油要求。经双方磋商，与XV榨油厂达成委托加工协议。5月3日豆油车间从原材料仓库领取大豆3000公斤，发往XV榨油厂，原材料仓库送来“领料单”，采购成本价1.60元/公斤。AS榨油厂以“个别计价法”核算。

账务处理： 会计结合委托加工协议，审核“领料单”等单证，无误后，进行下列账务处理：

制作记账凭证时，会计在“摘要”栏填写“5月份委外加工领大豆”，在“科目”和“金额”栏分别按总账科目和明细科目、借方和贷方填写分录，即借记“委托加工物资——XV 榨油厂 4800”，贷记“原材料——大豆 4800”，金额都以“蓝”字入账。将“领料单”等单证贴在记账凭证后面入账。

登记账簿时，将出库大豆的数量、单价和金额过入原材料账簿的“大豆”账户核算，结转原材料成本。

(3) 销售原材料

实例：2004 年 6 月份，AS 榨油厂根据大豆市场行情预测 6—7 月份大豆将大幅降价，决定将库存的 5000 多公斤大豆在降价前售出一部分。6 月 5 日，AS 榨油厂将 1000 公斤大豆售给 KM 豆制品厂，售价 2 元/公斤。AS 榨油厂以“个别计价法”核算。

账务处理：会计结合合同，审核“出库单”等单证，无误后，进行下列账务处理：

制作记账凭证时，会计在“摘要”栏填写“售 KM 豆制品厂大豆”，在“科目”和“金额”栏分别按总账科目和明细科目、借方和贷方填写分录，即借记“其他业务支出——销售大豆 1600”，贷记“原材料——大豆 1600”，金额都以“蓝”字入账。将“出库单”等单证贴在记账凭证后面入账。

登记账簿时，将出库大豆的数量、单价和金额过入原材料账簿的“大豆”账户核算，结转原材料成本。

(4) 原材料毁损

实例：2004 年 12 月份，AS 榨油厂内部盘点，发现 500 公斤花生仁发霉变质，已不能再使用，经查明是仓库顶漏，雨天进水，地面潮湿所致。AS 榨油厂领导已审批确认。该批花生仁单价 4 元/公斤。

账务处理：会计审核“存货盘点表”和企业领导审批意见等单证，无误后，进行下列账务处理：

制作记账凭证时，会计在“摘要”栏填写“12 月份仓库花生仁盘亏”，在“科目”和“金额”栏分别按总账科目和明细科目、借方和贷方填写分录，即借记“待处理资产损溢——待处理流动资产损溢 2000”，贷记“原材料——花生仁 2000”，金额都以“蓝”字入账。将“存货盘点表”等单证贴在记账凭证后面入账。

登记账簿时，将毁损花生仁的数量、单价和金额过入原材料账簿的“花生仁”账户核算，结转原材料成本。

（三）原材料账簿和财务分析管理

原材料账簿管理详见本书第五章有关内容。

原材料财务分析管理主要有：原材料期末余额构成分析、原材料收发存分析等，详见本书第五章有关内容。

三、包装物成本管理实务

（一）包装物采购管理

包装物增加核算一般有下列几种情况，即：购入包装物、包装物盘盈等。购入包装物通常有三种情况，即货到单未到、货到单也到、单到货未到，其中，对于单到货未到，当期暂不入账，待下期货到后入账核算。

1. 审核单证，制作记账凭证

（1）货到单也到

审核单证：结合采购合同，审核购货发票和“入库单”等单证，确认入账依据、真实性、合法合规性和“证证”一致性。

制作记账凭证：借记“包装物——××包装物”，借记“应交税金——增值税（进项税）”，贷记“银行存款——××银行”或“现金”、“预付账款——××单位”、“应付账款——××单位”等相关科目。

（2）货到单未到

审核单证：在月末结合采购合同，审核“入库单”等单证，确认入账依据、真实性和合法合规性，暂估入账，待次月收到购货发票时冲回，重新入账。

制作记账凭证：借记“包装物——××包装物”，借记“应交税金——增值税（进项税）”，贷记“预付账款——××单位”或“应付账款——××单位”等相关科目。

2. 包装物采购管理实例

实例：AS榨油厂5月16日从DF塑料制品公司购入“1公斤装”塑料油桶5000只，市场行情价1.20元/只，原料仓库送来“入库单”，但是直到5月底未取得购货发票。

账务处理：会计结合合同，审核“入库单”等单证，无误后，进行下列账务处理：

制作记账凭证时，会计在“摘要”栏填写“购入DF公司塑料油桶暂估入账”，在“科目”和“金额”栏分别按总账科目和明细科目、借方和贷方填写分录，即借记“包装物——塑料油桶6000”，借记“应交税金——增值税（进项税）1020”，贷记“应付账款——北京DF公司7020”，金额都以“蓝”字入账。将“入库单”等单证贴在记账凭证后面入账。

登记账簿时，以暂估价将采购塑料油桶的数量、单价和金额过入包装物账簿的“塑料油桶”账户核算，待次月收到购货发票时冲回，重新入账。

（二）包装物成本结转管理

包装物成本结转管理一般有下列几种情况：生产领用包装物、出租包装物、出借包装物、对外销售包装物、包装物毁损和盘亏等。

1. 审核单证，制作记账凭证

（1）生产领用包装物

审核单证：结合生产计划，审核“领料单”等单证，确认入账依据、真实性和合法合规性。

制作记账凭证：借记“生产成本——××产品——包装物”，贷记“包装物——××包装物”。

（2）出租包装物

审核单证：结合租赁协议，审核“出库单”等单证，确认入账依据、真实性和合法合规性。

制作记账凭证：在第一次领用新包装物时，借记“其他业务支出——包装物出租”，贷记“包装物——××包装物”。对于出租过的包装物收回，不再进行账务处理，但应通过辅助账加强实物管理。

（3）出借包装物

审核单证：结合出借协议，审核“出库单”等单证，确认入账依据、真实性和合法合规性。

制作记账凭证：在第一次领用新包装物时，借记“营业费用——出借包装物”，贷记“包装物——××包装物”。对于出借过的包装物收回，不再进行账务处理，但应通过辅助账加强实物管理。

（4）对外销售包装物

审核单证：结合销售合同，审核“出库单”等单证，确认入账依据、真实性和合法合规性。

制作记账凭证：对于随同产品出售并单独计价的包装物，借记“其他业务支出——销售包装物”，贷记“包装物——××包装物”；对于随同产品出售但不单独计价的包装物，借记“营业费用——销售包装物”，贷记“包装物——××包装物”。

（5）包装物盘亏或毁损

审核单证：审核“存货盘点表”或其他有关毁损证明批件等单证，确认入账依据、真实性和合法合规性。

制作记账凭证：根据企业领导批示，借记“待处理资产损溢

——待处理流动资产损溢”，贷记“包装物——××包装物”。

对于周转使用的出租、出借包装物报废时，对其残值价值，应借记“原材料——××材料”，分别贷记“其他业务支出——包装物出租”、“营业费用——出借包装物”。

2. 包装物成本结转管理实例

（1）出租包装物

实例：AS榨油厂与LM纯净水厂达成租赁协议，2004年6月8日将新塑料油桶2000只出租给LM纯净水厂，仓库送来“出库单”，塑料油桶成本价1.20元/只。

账务处理：会计结合合同，审核“出库单”等单证，无误后，进行下列账务处理：

制作记账凭证时，会计在“摘要”栏填写“出租LM厂塑料油桶”，在“科目”和“金额”栏分别按总账科目和明细科目、借方和贷方填写分录，即借记“其他业务支出——塑料油桶出租2400”，贷记“包装物——塑料油桶2400”，金额都以“蓝”字入账。将“出库单”等单证贴在记账凭证后面入账。

登记账簿时，将出库塑料油桶的数量、单价和金额过入包装物账簿的“塑料油桶”账户核算，结转包装物成本。

（2）出借包装物

实例：AS榨油厂与LM纯净水厂达成出借协议，2004年6月8日将新塑料油桶2000只出借给LM纯净水厂，仓库送来“出库单”，塑料油桶成本价1.20元/只。

账务处理：会计结合合同，审核“出库单”等单证，无误后，进行下列账务处理：

制作记账凭证时，会计在“摘要”栏填写“出借LM厂塑料油桶”，在“科目”和“金额”栏分别按总账科目和明细科目、借方和贷方填写分录，即借记“营业费用——出借塑料油桶2400”，贷记“包装物——塑料油桶2 400”，金额都以“蓝”字入账。将“出库单”等单证贴在记账凭证后面入账。

登记账簿时，将出库塑料油桶的数量、单价和金额过入包装物账簿的“塑料油桶”账户核算，结转包装物成本。

（3）对外销售包装物

实例：AS榨油厂与KG公司达成销售合同，2004年12月16日卖给KG公司1000公斤豆油，1公斤/桶，库存商品仓库送来“出库单”，塑料油桶成本价1.20元/只，豆油成本价5元/公斤，随同豆油出售的油桶未单独计价。

账务处理：会计结合销售合同，审核“出库单”等单证，无误后，进行下列账务处理：

制作记账凭证时，会计在“摘要”栏填写“售KG公司豆油”，在“科目”和“金额”栏分别按总账科目和明细科目、借方和贷方填写分录，即借记“主营业务成本5000”，贷记“库存商品——豆油5000”，借记“营业费用——销售塑料油桶1200”，贷记“包装物——塑料油桶1200”，金额都以“蓝”字入账。将“出库单”等单证贴在记账凭证后面入账。

登记账簿时，将出库塑料油桶的数量、单价和金额过入包装物账簿的“塑料油桶”账户核算，结转包装物成本。

（三）包装物账簿和财务分析管理

包装物账簿管理详见本书第五章有关内容。

包装物财务分析管理主要有：包装物期末余额构成分析、包装物收发存分析等，详见本书第五章有关内容。

四、低值易耗品成本管理实务

（一）低值易耗品采购管理

低值易耗品增加核算通常有下列几种情况，即：购入低值易耗品、低值易耗品盘盈等。购入低值易耗品通常有三种情况，即货到单未到、货到单也到、单到货未到，其中，对于单到货未到，当期暂不入账，待下期货到后入账核算。

1. 审核单证，制作记账凭证

（1）货到单也到

审核单证：结合采购合同，审核购货发票和“入库单”等单证，确认入账依据、真实性、合法合规性和“证证”一致性。

制作记账凭证：借记“低值易耗品——××低值易耗品”，借记“应交税金——增值税（进项税）”，贷记“银行存款——××银行”或“现金”、“预付账款——××单位”、“应付账款——××单位”等相关科目。

（2）货到单未到

审核单证：在月末结合采购合同，审核“入库单”等单证，确认入账依据、真实性和合法合规性，暂估入账，待次月收到购货发票时冲回，重新入账。

制作记账凭证：借记“低值易耗品——××低值易耗品”，借记“应交税金——增值税（进项税）”，贷记“预付账款——××单位”或“应付账款——××单位”等相关科目。

2. 低值易耗品采购管理实例

实例：AS榨油厂5月16日从NB商店购入扳手40把，货款520元，进项税88.40元已取得购货发票，原料仓库送来“入库单”。

账务处理：会计审核购货发票和“入库单”等单证，无误后，进行下列账务处理：

制作记账凭证时，会计在“摘要”栏填写“购入NB商店扳手”，在“科目”和“金额”栏分别按总账科目和明细科目、借方和贷方填写分录，即借记“低值易耗品——扳手520”，借记“应交税金——增值税（进项税）88.40”，贷记“现金 608.40”，金额都以“蓝”字入账。将“入库单”等单证贴在记账凭证后面入账。

登记账簿时，将采购扳手的数量、单价和金额过入低值易耗品账簿核算。

（二）低值易耗品成本结转管理

低值易耗品成本结转管理一般有下列几种情况：生产领用低值易耗品、对外销售低值易耗品、低值易耗品毁损和盘亏等。

1. 审核单证，制作记账凭证

（1）生产领用低值易耗品

审核单证：结合生产计划和低值易耗品管理制度，审核“领料单”等单证，确认入账依据、真实性和合法合规性。

制作记账凭证：借记“制造费用——低值易耗品摊销”，贷记“低值易耗品——××低值易耗品摊销”。入账金额根据摊销方法确定，企业采用“一次摊销法”时，领用低值易耗品的成本全额入账；采用“分次摊销法”时，领用低值易耗品的成本先记入“待摊费用”或“递延资产”科目，以后逐步结转成本费用；采用“五五摊销法”时，低值易耗品的成本在领用月份终了，先摊销原价的50%，另外50%在低值易耗品报废时，一次性摊销。

（2）对外销售低值易耗品

审核单证：结合销售合同，审核“出库单”等单证，确认入账依据、真实性和合法合规性。

制作记账凭证：借记“其他业务支出——销售低值易耗品”，贷记“低值易耗品——××低值易耗品”。

（3）低值易耗品盘亏或毁损

审核单证：审核“存货盘点表”或其他有关毁损证明批件等单证，确认入账依据、真实性和合法合规性。

制作记账凭证：根据企业领导批示，借记“待处理资产损溢

——待处理流动资产损溢”，贷记“低值易耗品——××低值易耗品”。

低值易耗品报废时，对其残值价值，应借记“原材料——××材料”，贷记“其他业务支出——低值易耗品报废”或“管理费用——低值易耗品报废”等相关科目。

2. 低值易耗品成本结转管理实例

实例：2004 年 12 月份，AS 榨油厂内部盘点，发现短少 2 把扳手，经查明是仓库管理员看管不严丢失。AS 榨油厂领导已审批确认。扳手单价 16 元/把。

账务处理：会计审核“存货盘点表”，无误后，进行下列账务处理：

制作记账凭证时，会计在“摘要”栏填写“12 月份仓库扳手盘亏”，在“科目”和“金额”栏分别按总账科目和明细科目、借方和贷方填写分录，即借记“待处理资产损溢——待处理流动资产损溢 32”，贷记“低值易耗品——扳手 32”，金额都以“蓝”字入账。将“存货盘点表”等单证贴在记账凭证后面入账。

登记账簿时，将丢失扳手的数量、单价和金额过入低值易耗品账簿核算，结转低值易耗品成本。

（三）低值易耗品账簿和财务分析管理

低值易耗品账簿管理详见本书第五章有关内容。

低值易耗品财务分析管理主要有：低值易耗品期末余额构成分析、低值易耗品收发存分析等，详见本书第五章有关内容。

五、材料成本差异管理实务

（一）流程管理

1. 流程图

计算材料成本差异入账 → 计算分摊材料成本差异 → 入账核算

2. 流程说明

2.1 会计按照原料的成本价和计划价之间的差额计算材料成本差异，制作记账凭证入账。

2.2 成本会计在月底计算分摊材料成本差异。

2.3 材料成本差异分摊计算表经财务经理审核确认后，会计制作记账凭证，将材料成本差异转入生产成本、辅助生产成本和原料等相关成本科目核算。

（二）材料成本差异管理

当企业采用计划成本法计价核算时，企业每笔采购业务实际成本与计划成本之间的差额，记入“材料成本差异”科目核算。

1. 审核单证，制作记账凭证

①单到货也到

审核单证：结合采购合同，审核购货发票和“入库单”等单证，确认入账依据、真实性、合法合规性和“证证”一致性。

制作记账凭证：参照计划价，借记“原材料——××材料”，借记“应交税金——增值税（进项税）”，计划价与实际成本之间的差额借（或贷）记“材料成本差异——××材料”，贷记“银行存款——××银行”或“现金”、“预付账款——××单位”、“应付账款——××单位”等相关科目。

②单到货未到

审核单证：结合采购合同，审核“入库单”等单证，确认入账依据、真实性、合法合规性。

制作记账凭证：参照市场行情价，在记账凭证上借记“原材料——××材料”，借记“应交税金——增值税（进项税）”，借（或贷）记“材料成本差异——××材料”，贷记“预付账款——××单位”或“应付账款——××单位”等相关科目。在收到购货发票时，再冲回，按实际价格重新入账。

2. 材料成本差异发生管理实例

实例： AS榨油厂2004年5月份从BV粮库购买大豆20000公斤，采购成本价1.60元/公斤，5月10日取得购货发票，大豆已验收入库，原材料仓库送来“入库单”。采购员来财务办理付款手续。大豆计划价为1.70元/公斤。

账务处理： 会计结合采购合同，审核购货发票和“入库单”等单证，无误后，进行下列账务处理：

制作记账凭证时，会计在“摘要”栏填写“购入BV粮库大豆”，在“科目”和“金额”栏分别按总账科目和明细科目、借方和贷方填写分录，即借记“原材料——大豆34000”，借记“应交税金——增值税（进项税）5440”，贷记“材料成本差异——大豆2000”，贷记“银行存款37440”，金额都以“蓝”字入账，将购货发票和“入库单”等单证贴在记账凭证后面入账。记账凭证交出纳办理付款。

登记账簿时，将采购大豆成本差异金额过入材料成本差异账簿核算。

（三）材料成本差异结转管理

成本会计月底计算分摊材料成本差异，将材料成本差异分摊转入本月发出原料和月末库存原料成本，本科目月末余额为“零”。

1. 审核单证，制作记账凭证

审核单证： 月底计算分摊发出原料和库存原料的材料成本差异，制作分摊表，经财务负责人审核后入账。

制作记账凭证： 借（或贷）记“基本生产成本——××在产品——材料成本差异”、“制造费用——材料成本差异”、“原材料——

××材料”、“包装物——××包装物”、“低值易耗品——××低值易耗品”等相关科目，贷（或借）记“材料成本差异——××材料”。

低值易耗品采用一次或分次摊销时，分摊的成本差异应在低值易耗品领用当月月末，随同低值易耗品计划成本一次记入有关成本费用；采用“五五摊销法”的，在低值易耗品领用时不分摊材料成本差异，在低值易耗品报废时，进行一次性分摊成本差异。

2. 材料成本差异结转管理实例

实例：AS榨油厂2004年5月份月初库存大豆500公斤，材料成本差异80元，库存花生仁200公斤，材料成本差异56元；当月购进大豆20000公斤，发生材料成本差异－2000元，购进花生仁10000公斤，发生材料成本差异2000元；当月发出大豆16000公斤，发出花生仁8500公斤。

账务处理：会计计算分摊成本差异时，

大豆成本差异分摊率：（80－2000）÷（500＋20000）＝－9.37％

生产领用大豆分摊成本差异：16000×（－9.37％）＝－1499.2（元）

5月份库存大豆分摊成本差异：80－2000＋1499.2＝－420.8（元）

花生仁成本差异分摊率：（56＋2000）÷（200＋10000）＝20.16％

生产领用花生仁分摊成本差异：8500×20.16％＝1713.6（元）

5月份库存花生仁分摊成本差异：56＋2000－1713.6＝342.4（元）

制作记账凭证时，会计在“摘要”栏填写“结转5月份大豆材料成本差异”，在“科目”和“金额”栏分别按总账科目和明细科目、借方和贷方填写分录，即借记“材料成本差异——大豆1920”，贷记“生产成本——豆油——材料成本差异1499.20”，贷记“原材料——大豆420.80”；借记“生产成本——花生油——材料成本差异1713.60”，借记“原材料——花生仁342.40”，贷记“材料成本差异——花生仁2056”，金额都以“蓝”字入账，将购货发票和

"材料成本差异计算分摊表"贴在记账凭证后面入账。

登记账簿时，将大豆和花生仁成本差异金额过入材料成本差异账簿核算，结转材料成本差异。

（四）材料成本差异账簿和财务分析管理

材料成本差异账簿管理详见本书第五章有关内容。

材料成本差异财务分析管理主要有：材料成本差异期末余额构成分析等，详见本书第五章有关内容。

第二节　生产成本会计实务

一、制造费用管理实务

（一）流程管理

1. 流程图

2. 流程说明

2.1 成本会计审核计提折旧计算表，计提薪酬福利计算表，房租和水电费计算表，房屋设备维修"领料单"等单证和相应的记账凭证，无误后，入账核算。

2.2 成本会计月底计算分摊制造费用。

2.3 制造费用分摊计算表经财务经理审核确认后，会计制作记账凭证，将制造费用转入生产成本和辅助生产成本核算。

（二）制造费用管理

企业生产车间和修理、修配等车间，当月计提和发生的下列费用支出，记入制造费用科目核算：房屋建筑物折旧、机器设备折旧、办公设备折旧、房屋和设备等维修维护费、生产人员薪酬福利支出、房租和水电费等。

1．审核单证，制作记账凭证

（1）房屋建筑物计提折旧

审核单证：月底对生产车间、修理修配车间和动力等车间所使用的房屋建筑物，依法计算提取折旧，制作折旧计提表，经财务负责人审核后入账。

制作记账凭证：借记“制造费用——折旧”，贷记“累计折旧——××房屋建筑物”。

（2）机器设备计提折旧

审核单证：月底对生产车间、修理修配车间和动力等车间所使用的机器设备，依法计算提取折旧，制作折旧计提表，经财务负责人审核后入账。

制作记账凭证：借记“制造费用——折旧”，贷记“累计折旧——××机器设备”。

（3）维修维护费

审核单证：对生产车间、修理修配车间和动力等车间，因机器设备、房屋建筑物和办公设备维修维护，领用低值易耗品和材料时，审核“领料单”等单证，确认入账依据、真实性和合法合规性。

制作记账凭证：借记“制造费用——维修维护费”，贷记“低值易耗品——××低值易耗品”等相关科目。

（4）生产人员薪酬福利支出

审核单证：对生产车间、修理修配车间和动力等车间工作人员，在每月月底计提工资、福利和社保基金等，制作薪酬福利计提表，经财务负责人审核后入账。

制作记账凭证：借记“制造费用——薪酬福利费”，贷记“应付工资”、“应付福利费”、“其他未交款——社保基金”等相关科目。

（5）房租和水电费

审核单证： 对生产车间、修理修配车间和动力等车间用房的房租、车间耗用的水费和电费，审核租房合同、用水量和用电量计算表，确认入账依据，计算分摊房租和水电费，制作房租和水电费分摊表，经财务负责人审核后入账。

制作记账凭证： 借记“制造费用——房租和水电费”，贷记“其他应付款——××物业公司”。

2. 制造费用发生管理实例

（1）固定资产计提折旧

例 1：AS 榨油厂共有两条生产线，其中，一条购置于 1995 年，价值 230000 元，另一条购置于 1998 年，价值 300000 元，AS 榨油厂采用平均年限法计提折旧，折旧年限 10 年，残值率 3%。2004 年 5 月份会计计提折旧。

账务处理： 会计计算生产线折旧时，

5 月份 A 生产线计提折旧：230000×（1－3%）÷10÷12＝1859.17（元）

5 月份 B 生产线计提折旧：300000×（1－3%）÷10÷12＝2425（元）

制作记账凭证时，会计在“摘要”栏填写“计提 5 月份生产线折旧”，在“科目”和“金额”栏分别按总账科目和明细科目、借方和贷方填写分录，即借记“制造费用——折旧 4284.17”，贷记“累计折旧——A 生产线 1859.17”，贷记“累计折旧——B 生产线 2425”，金额都以“蓝”字入账，将“生产线折旧计算表”贴在记账凭证后面入账。

登记账簿时，将当月生产线折旧额过入制造费用账簿核算。

例 2：2003 年 5 月 30 日，AD 公司固定资产计提折旧清单为：

固定资产计提折旧清单

2003年5月份

项目名称	计提折旧额	备注
一、房屋及建筑物		
办公楼	12000	
厂房	6800	
仓库	2300	
房屋及建筑物小计	21100	
二、生产设备		
A设备	8200	
B设备	7600	
生产设备小计	15800	
三、办公设备设施	4500	
四、运输和交通工具	3500	
总　计	44900	

账务处理：会计审核计提折旧计算单等，确认入账依据、真实性、合法合规性和“证证”一致性。

制作记账凭证时，会计在记账凭证“摘要”栏填写“计提5月份折旧”，在“科目”和“金额”栏分别按总账科目和明细科目、借方和贷方填写分录，即借记“制造费用——折旧24900”、“管理费用——折旧20000”等科目，贷记“累计折旧——办公楼12000”，贷记“累计折旧——厂房6800”，贷记“累计折旧——仓库2300”，贷记“累计折旧——A设备8200”，贷记“累计折旧——B设备7600”，贷记“累计折旧——办公设备设施4500”，贷记“累计折旧——运输和交通工具3500”，金额都以“蓝”字入账，将计提折旧计算单等单证贴在记账凭证后面入账。

登记账簿时，将当月各项固定资产折旧额过入账簿核算。

(2) 维修维护费

实例：AS 榨油厂 2004 年 5 月份共发生维修维护费 860 元，其中，设备维护领用机物料 124 元，车间房屋维修领用建材 736 元，原料仓库送来“领料单”。

账务处理：会计审核“领料单”等单证，无误后，进行下列账务处理：

制作记账凭证时，会计在“摘要”栏填写“5 月份房屋设备维修维护费”，在“科目”和“金额”栏分别按总账科目和明细科目、借方和贷方填写分录，即借记“制造费用——维修维护费 860”，贷记“低值易耗品——机物料 124”，贷记“低值易耗品——建材 736”，金额都以“蓝”字入账，将“领料单”等单证贴在记账凭证后面入账。

登记账簿时，将当月房屋设备维修维护费过入制造费用账簿核算。

（3）生产人员薪酬福利支出

实例：2004 年 5 月份，AS 榨油厂共有生产人员 12 人，本月计提生产人员工资 9600 元，其中，生产车间 8 人，工资小计 6400 元；修理车间 2 人，工资小计 1600 元；动力车间 2 人，工资小计 1600 元。本月计提福利费 1344 元，其中，生产车间 896 元，修理车间 224 元，动力车间 224 元。

账务处理：会计制作薪酬福利计提表，经财务负责人审核后，进行下列账务处理：

制作记账凭证时，会计在“摘要”栏填写“计提 5 月份生产人员工资福利费”，在“科目”和“金额”栏分别按总账科目和明细科目、借方和贷方填写分录，即借记“制造费用——工资 6400”，借记“制造费用——福利费 896”，贷记“应付工资 6400”，贷记“应付福利费 896”，金额都以“蓝”字入账，将薪酬福利计提表贴在记账凭证后面入账。

登记账簿时，将生产人员工资福利费过入制造费用账簿核算。

（三）制造费用结转管理

成本会计月底计算分摊制造费用，将当月发生的制造费用分摊转入生产成本和辅助生产成本核算。

1. 审核单证，制作记账凭证

审核单证：月底根据各车间实际耗用情况，计算分摊制造费用，制作制造费用分摊表，经财务经理审核后入账。

制作记账凭证：借记“生产成本——××在产品——制造费用转入”，借记“辅助生产成本——××车间——制造费用转入”，贷记“制造费用——××制造费用”。

单证实例：制造费用分配单（格式）

制造费用分配单

借方科目	折旧	薪酬福利	房租	水费	电费	维修费	其它
生产成本——A在产品 ——B在产品 ——C在产品							
辅助生产成本——供电 ——锅炉							
合　计							

2. 制造费用结转管理实例

实例：AS榨油厂2004年5月份制造费用构成如下：折旧12364元，按实际占用的房屋和使用的设备分摊，生产车间6420元、修理车间2972元、动力车间2972元；生产车间维修维护费860元；工资9600元，其中生产车间6400元、修理车间1600元、动力车间1600元；福利费1344元，其中生产车间896元、修理车间224元、动力车间224元；水费800元，按各车间实际人数分摊，生产车间533.33元、修理车间133.34元、动力车间133.32元；电费2100元，按各车间实际耗电量分摊，生产车间1800元、修理车间152元、动力车间148元。

账务处理：会计制作制造费用分摊表，经财务负责人审核后，进行下列账务处理：

制作记账凭证时，会计在“摘要”栏填写“结转5月份制造费用”，在“科目”和“金额”栏分别按总账科目和明细科目、借方和贷方填写分录，即借记“生产成本——豆油——制造费用转入16909.33”，贷记“制造费用——折旧6420”，贷记“制造费用——维修维护费860”，贷记“制造费用——工资6400”，贷记“制造费用——福利费896”，贷记“制造费用——水费533.33”，贷记“制造费用——电费1800”，金额都以“蓝”字入账，将制造费用分摊表贴在记账凭证后面入账。

结转修理车间时，借记“辅助生产成本——修理车间——制造费用转入5081.34”，贷记“制造费用——折旧2972”，贷记“制造费用——工资1600”，贷记“制造费用——福利费224”，贷记“制造费用——水费133.34”，贷记“制造费用——电费152”，金额都以“蓝”字入账，将制造费用分摊表贴在记账凭证后面入账。

结转动力车间时，借记“辅助生产成本——动力车间——制造费用转入5077.32”，贷记“制造费用——折旧2972”，贷记“制造费用——工资1600”，贷记“制造费用——福利费224”，贷记“制造费用——水费133.32”，贷记“制造费用——电费148”，金额都以“蓝”字入账，将制造费用分摊表贴在记账凭证后面入账。

登记账簿时，将分摊的制造费用过入制造费用账簿核算，结转制造费用。

（四）制造费用账簿和财务分析管理

制造费用账簿管理详见本书第五章有关内容。

制造费用财务分析管理主要有：制造费用构成分析等，详见本书第五章有关内容。

二、辅助生产成本管理实务

（一）流程管理

1. 流程图

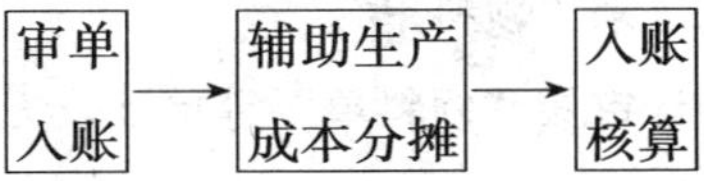

2. 流程说明

2.1 辅助生产部门发生成本性耗费时，成本会计审核“领料单”、“制造费用计算分摊表”等单证和相应的记账凭证，无误后，入账核算。

2.2 成本会计月底计算分摊辅助生产成本。

2.3 辅助生产成本分摊计算表经财务经理审核确认后，会计制作记账凭证，将辅助生产成本转入生产成本和其他业务支出等相关科目核算。

（二）辅助生产成本发生管理

辅助生产成本增加核算，通常包括：企业修理修配车间和动力等车间当月领用的原料成本、制造费用转入等。

1. 审核单证，制作记账凭证

（1）原料成本转入辅助生产成本

审核单证：审核“领料单”等单证，确认入账依据、真实性和合法合规性。

制作记账凭证：借记“辅助生产成本——××车间——原料”，贷记“原料——××材料”等相关科目。

（2）制造费用转入辅助生产成本

审核单证：审核制造费用分摊表，确认入账依据、真实性和合法合规性。

制作记账凭证：借记“辅助生产成本——××车间——制造费用转入”，贷记“制造费用——××制造费用”。

2. 辅助生产成本发生管理实例

实例：2004年5月份，AS榨油厂锅炉间烧煤20吨，每吨成本价200元，库管员送来“领料单”。

账务处理：会计审核“领料单”等单证，无误后，进行下列账务处理：

制作记账凭证时，会计在“摘要”栏填写“结转锅炉间5月份用煤成本”，在“科目”和“金额”栏分别按总账科目和明细科目、借方和贷方填写分录，即借记“辅助生产成本——动力车间——煤4000”，贷记“原材料——煤4000”，金额都以“蓝”字入账，将“领料单”等单证贴在记账凭证后面入账。

登记账簿时，将领用煤的成本过入辅助生产成本账簿核算。

（三）辅助生产成本结转管理

在月底，成本会计将当月发生的辅助生产成本分摊转入基本生产成本等相关科目核算。

1. 审核单证，制作记账凭证

审核单证：月底计算分摊辅助生产成本，制作辅助生产成本分摊表，经财务经理审核后入账。

制作记账凭证：借记“基本生产成本——××在产品”，借记“其他业务支出”，贷记“辅助生产成本——××车间”。

单证实例：辅助生产成本分配单（格式）

（供电车间）辅助生产成本分配单

借方科目	原材料成本	辅料成本	折旧	薪酬福利	房租	水费	电费	其它
生产成本——A在产品 ——B在产品 ——C在产品								
合　计								

2. 辅助生产成本结转管理实例

实例：2004年6月份，AS榨油厂修理车间发生辅助生产成本8000元，其中包括为外单位提供修理服务发生费用3500元。

账务处理：会计制作辅助生产成本分摊表，经财务负责人审核后，进行下列账务处理：

制作记账凭证时，会计在“摘要”栏填写“结转修理车间5月份成本”，在“科目”和“金额”栏分别按总账科目和明细科目、借方和贷方填写分录，即借记“生产成本——豆油——辅助生产成本分摊4500”，借记“其他业务支出——辅助生产成本分摊3500”，贷记“辅助生产成本——修理车间8000”，金额都以“蓝”字入账，将制造费用分摊表贴在记账凭证后面入账。

登记账簿时，将分摊的辅助生产成本过入辅助生产成本账簿核算，结转辅助生产成本。

（四）辅助生产成本账簿和财务分析管理

辅助生产成本账簿管理详见本书第五章有关内容。

辅助生产成本财务分析管理主要有：辅助生产成本构成分析等，详见本书第五章有关内容。

三、基本生产成本管理实务

（一）流程管理

1. 流程图

审单入账 → 转料单 → 产成品入库通知单 → 台账 → 产成品入库单 → 入账核算

2. 流程说明

2.1 在基本生产成本发生时，成本会计审核“领料单”、“制造费用分摊表”、“材料成本差异分摊表”，无误后，入账核算。在企业存在多道工序的在产品生产加工时，如果企业实行“逐步结转分步法”核算生产成本，会计将原料成本和制造费用按照生产工序流程转入生产成本科目核算；如果企业实行“平行结转分步法”核算生产成本，会计按照各道工序半成品生产加工实际领用的原料和发生的费用转入相应的在产品生产成本科目核算。

2.2 根据会计核算和内部管理需要，成本会计结合生产流程设置在产品 1. 在产品 2 和在产品 3 等未完工产品核算科目，在前一道工序完工转入后一道工序加工时，生产部经办人制作“转料单”，会计审核“转料单”，无误后，在前后道工序的生产成本之间结转成本。

2.3 完工产品转入库存商品仓库时，生产部经办人制作“产成品入库通知单”，生产部负责人审核确认后，会计审核“产成品入库通知单”，并签署意见。

2.4 会计在审核“产成品入库通知单”时，登记产成品入库管理台账。

2.5 库存商品仓库库管员审核“产成品入库通知单”，办理产成品入库，开具“产成品入库单”，仓库负责人审核确认，由生产部经办人签字后，一联交生产部备查，一联交财务。

2.6 成本会计审核“产成品入库单”，无误后，制作记账凭证入账核算，并在产成品入库管理台账上做记录。

3. 单证格式

3.1 产成品入库单

产成品入库单

2001 年 10 月 26 日

生产计划及编号：													
名称及规格	单 位	数 量	单 价	金 额									
				千	百	十	万	千	百	十	元	角	分
合 计													
审核：	保管员：			营销部领用人：									

3.2 产成品入库管理台账

产成品入库管理台账

年度

序号	生产计划及编号	生产车间	产品名称、规格	入库数量	单价	金额	生产经办人及日期	会计审核及日期	备注

注：“备注”栏常用于记录仓库入库日期等情况。

(二) 基本生产成本管理

生产成本增加核算，通常包括：领用原材料成本、制造费用转入、辅助生产成本转入、在产品及半成品盘盈等。

1. 审核单证，制作记账凭证

（1）原材料成本记入生产成本

审核单证：结合生产计划，审核“领料单”，确认入账依据、真实性和合法合规性。

制作记账凭证：借记“基本生产成本——××在产品——原材料”，贷记“原材料——××材料”等相关科目。

（2）在产品盘盈记入生产成本

审核单证：审核“存货盘点表”，确认入账依据、真实性和合法合规性。

制作记账凭证：借记“基本生产成本——××在产品——盘盈”，贷记“待处理资产损溢——待处理流动资产损溢”等相关科目。

2. 基本生产成本发生管理实例

例1：2004年8月13日，AS榨油厂豆油车间领用大豆2000公斤，成本价1.20元/公斤，库管员送来“领料单”。

账务处理：会计审核“领料单”无误后，进行下列账务处理：

制作记账凭证时，会计在“摘要”栏填写“豆油车间8月份领用大豆”，在“科目”和“金额”栏分别按总账科目和明细科目、借方和贷方填写分录，即借记“基本生产成本——豆油2400——原材料”，贷记“原材料——大豆2400”，金额都以“蓝”字入账，将“领料单”贴在记账凭证后面入账。

登记账簿时，将领用大豆成本过入生产成本账簿核算。

例2：2003年5月26日，AB公司计提6月份工资，工资总额为41900元，其中：办公室3200元，财务部4400元，人事部2300元，销售部16400元，采购部4000元，仓库2000元，生产部9600元。

账务处理：会计审核工资计算单等，确认入账依据的真实性、完整性、合法合规性和“证证”一致性。

制作记账凭证时，会计在记账凭证“摘要”栏填写“计提工资”，在“科目”和“金额”栏分别按总账科目和明细科目、借方和贷方填写分录，即借记“基本生产成本——工资 9600”，借记“管理费用——工资 15900”，借记“营业费用——工资 16400”，贷记“应付工资 41900”，金额都以“蓝”字入账，将工资计算单等单证贴在记账凭证后面入账。

登记账簿时，将当期发生的工资费用入账簿核算。

（三）基本生产成本结转管理

基本生产成本结转包括：在产品之间成本结转、在产品成本结转库存商品等。

1. 审核单证，制作记账凭证

（1）采用“逐步结转分步法”结转在产品之间成本

审核单证：因企业各步骤半成品有独立的特点，企业管理上要求核算半成品成本，会计按产品加工步骤的先后顺序逐步计算结转成本。入账时，结合生产计划，审核“转料单”，确认入账依据、真实性和合法合规性。

制作记账凭证：借记“基本生产成本——第二车间——A 产品”，贷记“自制半成品——A 成品”。

单证实例：产品（半成品）成本计算单（格式）

产品（半成品）成本计算单

表：　　　　车间：　　　　　　　年　月

项 目	产量（件）	直接材料费	直接人工费	制造费用	合 计
月初在产品成本					
本月生产费用					
合 计					
完工半成品转出					
月末在产品成本					

（2）采用“平行结转分步法”结转在产品之间成本

审核单证：会计日常单独核算各步骤半成品成本明细账，在月底先按适当方法，分配计算出各步骤完工半成品和在产品总成本，并计算出完工半成品单位成本；然后，用最终产品耗用各步骤完工半成品的数量与其单位成本相乘，计算求得各步骤应转入最终产品的“份额”，并平行结转入最终产品成本明细账；最后，将各步骤平行结转入最终产品成本明细账的“份额”加以汇总，求得最终产品的总成本和单位成本。在月底入账时，会计应计算制作各步骤完工产品和在产品成本分配表、最终产品成本计算表，经财务负责人审核后入账核算。

制作记账凭证：各步骤应转入最终产品的“份额”入账时，借记“基本生产成本——××半成品”，贷记“基本生产成本——××在产品”；半成品结转库存商品入账时，借记“库存商品——××产品”，贷记“基本生产成本——××半成品”。

单证实例：

例1：产品（半成品）成本计算单（格式）

产品（半成品）成本计算单

表：　　　　　　车间：二车间　　　　　　年　月

项　目	产量（件）	直接材料费	直接人工费	制造费用	合 计
月初在产品成本			1560	2400	3960
本月生产费用			25640	25624	51264
合　计			27200	28024	55224
产成品中本部份额	500		23600	23102	46702
月末在产品成本			3600	4922	8522

例 2：产成品成本汇总计算单（格式）

产成品成本汇总计算单

表：　　　　　　　　　　年　月

生产车间	成产品数量	直接材料费	直接人工费	制造费用	合计
一车间		123620	16230	18230	158080
二车间			23600	23102	46702
三车间			21340	26510	47850
合　计	500	123620	61170	67842	252632
单位成本	——	247.24	122.34	135.68	505.26

（3）采用“分批法”结转在产品成本

审核单证：会计按批别或定单设置成本明细账，核算成本费用，根据“完工通知单”，计算和结转该批或该定单产品总成本和单位成本。如果同批或同一定单产品跨月陆续完工，上月完工的部分产品已经销售或提货，可先按计划成本和销售或提货的完工产品数量，计算结转成本，在该批或该定单产品全部完工后，再将实际总成本扣除已按计划成本结转的差额，结转“库存商品”科目。

制作记账凭证：借记“库存商品——××产品”，贷记“基本生产成本——××批（单）产品”。

（4）采用“品种法”结转在产品成本

审核单证：审核“产成品入库单”等单证，确认入账依据和真实性等。

制作记账凭证：借记“库存商品——××库存商品”，贷记“基本生产成本——××产品”。

单证实例：产品成本计算单（格式）

产品成本计算单

表：　　　　产品名称：　　　　年　月　　　　产成品数量：

项 目	产量（件）	直接材料费	直接人工费	制造费用	合 计
月初在产品成本					
本月生产费用					
合 计					
产成品总成本					
产成品单位成本					
月末在产品成本					

2. 基本生产成本结转管理实例

实例：2004 年 7 月份，AS 榨油厂采用“品种法”结转成本，豆油车间当月在产品成本发生 12000 元，当月已完成成品油 2000 公斤，产品入库，仓库送来“产成品入库单”。该厂 7 月份豆油的单位成本价为 4 元/公斤。

账务处理：会计审核“产品入库通知单”等单证，无误后，进行下列账务处理：

制作记账凭证时，会计在“摘要”栏填写“结转豆油车间 7 月份生产豆油成本”，在“科目”和“金额”栏分别按总账科目和明细科目、借方和贷方填写分录，即借记“库存商品——豆油8000”，贷记“基本生产成本——豆油 8000”，金额都以“蓝”字入账，将“产成品入库单”等单证贴在记账凭证后面入账。

登记账簿时，将当月结转的豆油成本过入生产成本账簿核算，结转生产成本。

（四）生产费用在完工产品和在产品之间的归集和分配管理

1. 实务中常用的归集和分配方法

(1) 当企业各月月末在产品数量很小时，一般不计算在产品成本，即在产品成本为零。

(2) 当企业各月月末在产品数量比较稳定、相差不多时，在产品成本通常按年初数固定计算。

(3) 当企业原材料费用占生产成本比重大，且原材料在生产开始时就投入的情况下，为简化核算工作，企业在产品成本常按其所耗用的原材料费用计算。

(4) 当企业在产品数量较多，各月在产品数量变动较大，生产成本中各项费用的比重相差不多时，企业常采用“约当产量比例法”。

(5) 当企业各月在产品数量变动较大，且产品各项消耗定额比较准确、稳定时，企业可以采用“定额比例法”，即按照定额消耗量和定额费用的比例进行分配。

(6) 当企业各月在产品数量变动不大，且产品各项消耗定额比较准确、稳定时，企业在产品可以按定额成本计算。

2.“约当产量比例法”实务

实例：HK 厂产品车间生产 A 产品，2004 年 6 月份完工 300 件，月末在产品 40 件，A 产品 6 月初在产品和当月生产费用总额 147500 元，其中原材料 71400 元，薪酬福利费 25600 元，制造费用 50500 元。原材料在开工时一次性投入，经测算月末在产品完工程度为 50%。

计算分配：

(1) 在产品约当产量＝40×50%＝20（件）

(2) 直接材料分配率＝71400÷（300＋40）＝210

在产品应负担材料费用＝40×210＝8400（元）

完工产品应负担材料费用＝300×210＝63000（元）

(3) 制造费用分配率＝50500÷（300＋20）＝157.810（元）

在产品应负担制造费用＝20×157.81＝3156.25（元）

完工产品应负担制造费用＝300×157.81＝47343.80（元）

（4）薪酬福利费分配率＝25600÷（300＋20）＝80

在产品应负担薪酬福利费＝20×80＝1600（元）

完工产品应负担薪酬福利费＝300×80＝24000（元）

（5）月末在产品总成本＝8400＋1600＋3156.25＝13156.25（元）

完工产品总成本＝63000＋24000＋47343.75＝134343.75（元）

3. 月末在产品完工程度测定方法

在产品完工程度通常根据月末在产品的数量，用技术测定或其他方法来计算在产品的完工程度。如果企业具备完整的产品工时定额资料，也可以按每道工序累计工时定额计算该工序在产品的完工程度，计算公式为：某道工序在产品完工率＝（前工序累计定额工时＋本工序工时定额×50％）÷单位产品工时定额×100％。

4. **单证实例：**产品约当产量计算表（格式）

产品约当产量计算表

年　月

工　序	完工程度	在产品（件）		完工产品（件）	产量合计（件）
	①	②	③＝①×②	④	⑤＝③＋④
1	10％	10	1		
2	15％	10	1.5		
3	20％	15	3		
4	55％	24	13.2		
合计	——	59	18.7	60	78.7

（五）基本生产成本账簿和财务分析管理

基本生产成本账簿管理详见本书第五章有关内容。

基本生产成本财务分析管理主要有：生产成本构成分析、生产成本产转存分析等，详见本书第五章有关内容。

四、库存商品成本管理实务

（一）流程管理

1. 流程图

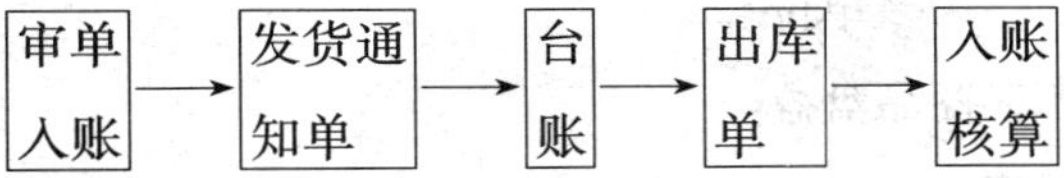

2. 流程说明

2.1 产品完工入库时，会计审核“产成品入库单”，无误后，将完工产品成本入账核算。

2.2 库存商品对外发货时，营销部经办人制作“发货通知单”，营销部负责人审核确认后，会计审核“发货通知单”，并签署意见。

2.3 会计在审核“发货通知单”时，登记销售管理台账。

2.4 库存商品仓库库管员审核“发货通知单”，无误后，办理发货，开具“出库单”，仓库负责人审核确认，由营销部经办人签字后，一联交营销部备查，一联交财务。

2.5 成本会计审核“出库单”等单证，无误后，制作记账凭证入账核算，并在销售管理台账上做记录。

（二）库存商品成本管理

库存商品增加核算，通常包括：生产成本转入、委托加工物资转入、库存商品盘盈、销售退货等。

1. 审核单证，制作记账凭证

（1）生产成本转入库存商品

审核单证：结合生产计划，审核“产成品入库单”等单证，确认入账依据、金额、真实性和合法合规性。

制作记账凭证：借记“库存商品——××产品”，贷记“生产成本——××在产品”等相关科目。

（2）委托加工物资转入库存商品

审核单证：结合委托加工合同，审核“入库单”等单证，确认入账依据、金额、真实性和合法合规性。

制作记账凭证：借记“库存商品——××产品”，贷记“委托加工物资——××单位”。

（3）库存商品盘盈

审核单证：审核“存货盘点表”等单证，确认入账依据、金额、真实性和合法合规性。

制作记账凭证：借记“库存商品——××产品”，贷记“待处理财产损溢”等相关科目。

（4）销售退货

审核单证：结合销售合同和“退货通知单”，审核“入库单”，确认入账依据、金额、真实性和合法合规性。

制作记账凭证：借记“库存商品——××产品”，金额以“蓝”字入账，贷记“主营业务成本”，金额以“蓝”字入账。

2. 库存商品成本管理实例

（1）委托加工物资转入库存商品

实例：2004 年 8 月 6 日，AS 榨油厂委托 FG 食品油加工厂加工的精制豆油 12000 公斤完工，库存商品仓库验收入库，委托加工物资科目发生成本 49000 元，AS 榨油厂另外支付运费 1000 元，会计取得“入库单”和运费发票。

账务处理：会计结合委托加工合同，审核“入库单”和运费发票等单证，无误后，进行下列账务处理：

制作记账凭证时，会计在“摘要”栏填写“收 FG 厂加工精制豆油”，在“科目”和“金额”栏分别按总账科目和明细科目、借方和贷方填写分录，即借记“库存商品——精制豆油 50000”，贷记“委托加工物资——FG 食品油加工厂 49000”，贷记“银行存款——工行 1000”，金额都以“蓝”字入账，将“入库单”和运费发票等单证贴在记账凭证后面入账。

登记账簿时，将当月收回的委托加工物资成本和运费过入库存商品账簿核算。

（2）销售退货

实例：2004 年 8 月 6 日，AS 榨油厂收到 LP 公司退货通知单，7 月份售出的精制豆油 400 公斤不合格，AS 榨油厂经调查了解后，确认退货，库存商品仓库验收入库，精制豆油成本价 4 元/公斤。

账务处理：会计结合合同和退货通知单等单证，审核“入库单”，无误后，进行下列账务处理：

制作记账凭证时，会计在“摘要”栏填写“收 LP 公司精制豆油退货”，在“科目”和“金额”栏分别按总账科目和明细科目、借方和贷方填写分录，即借记“库存商品——精制豆油 1600”，贷记“主营业务成本 1600”，将“入库单”和退货通知单等单证贴在记账凭证后面入账。

登记账簿时，将当月退回的精制豆油成本过入库存商品账簿核算。

（三）库存商品成本结转管理

库存商品成本结转核算，通常包括：转入主营业务成本、转入分期收款发出商品、转入发出商品、转入委托代销商品、库存商品盘亏、库存商品抵债、库存商品换入物资、自产自用（如：企业将自产的产品用于在建工程、管理部门、非生产性机构、捐赠、赞助、集资、广告、样品和职工福利奖励等方面）等。

1. 审核单证，制作记账凭证

（1）库存商品结转主营业务成本

审核单证：结合销售合同，审核“出库单”等单证，确认入账依据、金额、合法合规性等。

制作记账凭证：借记“主营业务成本”，贷记“库存商品——××产品”。

（2）库存商品结转分期收款发出商品

审核单证：结合分期收款发出商品销售合同，审核“出库单”等单证，确认入账依据、金额、合法合规性等。

制作记账凭证：借记“分期收款发出商品——××单位（或个人）”，贷记“库存商品——××产品”。

（3）库存商品结转发出商品

审核单证：结合销售合同，审核“出库单”等单证，确认入账依据、金额、合法合规性等。

制作记账凭证：借记“发出商品——××单位（或个人）”，贷记“库存商品——××产品”。

（4）库存商品结转委托代销商品

审核单证：结合委托代销商品销售合同，审核“出库单”等单证，确认入账依据、金额、合法合规性等。

制作记账凭证：借记“委托代销商品——××单位（或个人）”，贷记“库存商品——××产品”。

（5）库存商品抵债

审核单证：结合抵债协议，审核“出库单”等单证，确认入账依据、金额、合法合规性等。

制作记账凭证：借记“应付账款——××单位（或个人）”等相关科目，贷记“库存商品——××产品”。

（6）库存商品换入物资

审核单证：对于非货币性交易，结合实物交换合同，审核“出库单”等单证，确认入账依据、金额、合法合规性等。

制作记账凭证： 借记“原材料——××材料”、“固定资产——××固定资产”等相关科目，贷记“库存商品——××产品”。同时按照有关规定，分别计算交换物资的进项税和销项税。

（7）库存商品自产自用

审核单证： 结合企业内部有关使用自产产品文件，审核“出库单”等单证，确认入账依据、金额、合法合规性等。

制作记账凭证： 借记“在建工程——××工程”、“营业费用——广告”、“应付福利费”等相关科目，贷记“库存商品——××产品”，贷记“应交税金——应交增值税（销项税）”，贷记“应交税金——应交消费税”。

企业自产自用产品，是一种内部结转关系，不存在销售行为，不符合销售成立的标志，因此，会计上不作销售处理，而按成本转账。但按税收规定，自产自用的产品视同对外销售，并据以计算交纳各种税费。

2. 库存商品成本结转管理实例

（1）库存商品结转分期收款发出商品

实例： 2004 年 8 月 16 日，PO 制衣厂向 MK 公司销售西服 10 套，合同约定分四次等额付款，该西服单位成本 300 元/套。

账务处理： 会计结合销售合同，审核“出库单”等单证，无误后，进行下列账务处理：

制作记账凭证时，会计在“摘要”栏填写“分期收款发出西服 MK 公司”，在“科目”和“金额”栏分别按总账科目和明细科目、借方和贷方填写分录，即借记“分期收款发出商品——MK 公司 3000”，贷记“库存商品——西服 3000”，金额都以“蓝”字入账，将“出库单”等单证贴在记账凭证后面入账。

登记账簿时，将发出西服的成本过入库存商品账簿核算，结转库存商品成本。

（2）库存商品结转发出商品

实例：PO制衣厂向MK公司销售新款X牌西服10套，因为是新制样衣，MK公司暂时没有付款，但是PO制衣厂为了打开市场，并相信该款西服市场前景很好，能够收回货款，2004年8月16日向MK公司发货，该款西服单位成本300元/套。

账务处理：会计结合销售合同，审核“出库单”等单证，无误后，进行下列账务处理：

制作记账凭证时，会计在“摘要”栏填写“发出西服MK公司”，在“科目”和“金额”栏分别按总账科目和明细科目、借方和贷方填写分录，即借记“发出商品——MK公司3000”，贷记“库存商品——X牌西服3000”，金额都以“蓝”字入账，将“出库单”等单证贴在记账凭证后面入账。

登记账簿时，将当月发出西服的成本过入库存商品账簿核算，结转库存商品成本。

（3）库存商品结转委托代销商品

实例：2004年8月，PO制衣厂委托MK公司销售新款X牌西服100套，该款西服单位成本300元/套。

账务处理：会计结合销售合同，审核“出库单”，无误后，进行下列账务处理：

制作记账凭证时，会计在“摘要”栏填写“委托代销发出西服MK公司”，在“科目”和“金额”栏分别按总账科目和明细科目、借方和贷方填写分录，即借记“委托代销商品——MK公司30000”，贷记“库存商品——X牌西服30000”，金额都以“蓝”字入账，将“出库单”等单证贴在记账凭证后面入账。

登记账簿时，将当月发出西服的成本过入库存商品账簿核算，结转库存商品成本。

（4）库存商品抵债

实例：X公司和Y公司均为一般纳税人企业。某年初，X公司于9个月前，购买Y公司800000元商品，开具了商业承兑汇票，由于发生财务困难短期内无力支付，经协商2004年1月12日进行债务重组。该汇票面值为936000元，期限为6个月、年利率为10%。X公司用公允价值为80000元、实际成本为60000元的自产豆油和价值285000元的其他资产偿还全部债务的50%；Y公司同意将其余50%债务中的70%减免，剩余债务延期到本年年末。

账务处理：会计结合债务重组协议审核豆油“出库单”和其他相关单证，审核无误后，进行下列账务处理：

结转豆油成本时，在记账凭证的“摘要”栏填写“债务重组结转1月份豆油成本”，在“科目”和“金额”栏分别按总账科目和明细科目、借方和贷方填写分录，即借记“主营业务成本60000”，贷记“库存商品——××产品60000”，金额都以“蓝”字入账，将“出库单”等单证作为原始凭证贴在记账凭证后面入账。债务重组协议按内部管理规定存档备查。

在登记账簿时，将上述业务过入库存商品账簿核算，结转库存商品成本。

（5）库存商品换入物资

实例：2004年8月甲公司决定用200套X空调机交换乙公司的W设备1台。甲公司换入设备的主要目的是为了自用。空调机的成本为100000元，公允价值为300000元，增值税税率为17%，计税价值等于公允价值；设备公允价值无法获知。

账务处理：会计结合实物交换合同，审核“出库单”等单证，无误后，进行下列账务处理：

制作记账凭证时，会计在“摘要”栏填写“结转8月份空调交换W设备成本”，在“科目”和“金额”栏分别按总账科目和明细科目、借方和贷方填写分录，即借记“固定资产——W设备

351000”，贷记“主营业务收入 300000”，贷记“应交税金——应交增值税（销项税）51000”；借记“主营业务成本 100000”，贷记“库存商品——X 空调机 100000”，金额都以“蓝”字入账，将“出库单”等单证贴在记账凭证后面入账。

登记账簿时，将当月发出西服的成本过入库存商品账簿核算，结转库存商品成本。

（6）库存商品自产自用

实例：2004 年 12 月，PO 制衣厂将 Y 牌西服 100 套，作为福利品发放给职工，该款西服单位成本 300 元/套。PO 制衣厂下发了西服发放给职工的内部文件。

账务处理：会计结合发放西服给职工的内部文件，审核“出库单”等单证，无误后，进行下列账务处理：

制作记账凭证时，会计在“摘要”栏填写“结转 12 月份发放职工西服成本”，在“科目”和“金额”栏分别按总账科目和明细科目、借方和贷方填写分录，即借记“应付福利费 35100”，贷记“库存商品——X 牌西服 30000”，贷记“应交税金——应交增值税（销项税）5100”，金额都以“蓝”字入账，将“出库单”和发放西服的内部文件贴在记账凭证后面入账。

登记账簿时，将当月发出西服的成本过入库存商品账簿核算，结转库存商品成本。

（四）库存商品成本账簿和财务分析管理

库存商品账簿管理详见本书第五章有关内容。

库存商品财务分析管理主要有：库存商品成本构成分析、库存商品产（进）销存分析、库存商品期末余额构成分析等，详见本书第五章有关内容。

五、委托加工物资成本管理实务

（一）流程管理

1. 流程图

委托加工通知单 → 台账 → 领料单 → 收货通知单 → 台账 → 入库单 → 入账核算

2. 流程说明

2.1 生产部经办人制作“委托加工通知单”，生产部负责人审核确认后，会计审核“委托加工通知单”，并签署意见。

2.2 成本会计在审核“委托加工通知单”时，登记审核委托加工物资管理台账。

2.3 原料仓库库管员审核“委托加工通知单”，无误后，办理材料出库，开具“领料单”，仓库负责人审核确认后，会计审核“领料单”，无误后，制作记账凭证入账，并在委托加工物资管理台账上做记录。（半成品发出加工时，参照办理）

2.4 在委托加工物资完工收回时，生产部经办人制作“收货通知单”，生产部负责人审核确认后，会计审核“收货通知单”，并签署意见。

2.5 成本会计在审核“收货通知单”时，登记审核委托加工物资管理台账。

2.6 库存商品仓库库管员审核“收货通知单”，无误后，办理收货，开具“入库单”，仓库负责人审核确认，由生产部经办人签字后，一联交生产部备查，一联交财务。

2.7 成本会计审核“入库单”，无误后，制作记账凭证入账核算，并在委托加工物资管理台账上做记录。

（二）委托加工物资发生管理

企业生产条件或生产能力不足时，常提供原材料或半成品委托外单位加工物资。

1. 审核单证，制作记账凭证

（1）原材料发出加工

审核单证：发出材料时，结合委托加工合同审核“领料单”等单证；支付加工费时，审核加工单位开具的发票等单证，确认入账依据、金额和合法合规性。

制作记账凭证：发出材料时，借记“委托加工物资——××单位”，贷记“原材料——××材料”；支付加工费时，借记“委托加工物资——××单位”，借记“应交税金——应交增值税（进项税）”，贷记“银行存款——××账号”。

（2）半成品发出加工

审核单证：发出半成品时，会计结合委托加工合同审核“转料单”；支付加工费时，审核加工单位开具的发票，确认入账依据、金额和合法合规性。

制作记账凭证：发出半成品时，会计在记账凭证上借记“委托加工物资——××单位”，贷记“生产成本——××半成品”；支付加工费时，借记“委托加工物资——××单位”，借记“应交税金——应交增值税（进项税）”，贷记“银行存款——××账号”。

2. 委托加工物资管理实例

实例：2004年6月，UG公司委托DK公司加工N款女装一批，发出D布料成本40000元，在加工过程中，支付加工费及增值税3510元。

账务处理：会计结合委托加工合同，在发出半成品时，审核“出库单”等单证；支付加工费时，审核加工发票等单证，无误后，进行下列账务处理：

制作记账凭证时，对于布料发出，会计在“摘要”栏填写“委托加工发出布料”；对于支付加工费及其增值税，会计在“摘要”栏填写“支付加工费及其增值税”在“科目”和“金额”栏分别按总账科目和明细科目、借方和贷方填写分录，即借记“委托加工物资——DK公司40000”，贷记“原材料——D布料40000”；支付加工费时，借记“委托加工物资——DK公司3000”，借记“应交税金——应交增值税（进项税）510”，贷记“银行存款——××账号3510”，金额都以“蓝”字入账，将“出库单”等单证贴在记账凭证后面入账。

登记账簿时，将委托加工发出布料成本和支付的加工费过入委托加工物资账簿核算。

（三）委托加工物资成本结转管理

委托加工物资完工收回后，会计将委托加工物资成本相应地转入库存商品或原材料核算。

1. 审核单证，制作记账凭证

（1）委托加工物资转入库存商品

审核单证：结合委托加工合同，审核“入库单”等单证，确认入账依据、金额和合法合规性。

制作记账凭证：借记“库存商品——××产品”，贷记“委托加工物资——××单位”。

（2）委托加工物资转入原材料

审核单证：结合委托加工合同，审核“入库单”等单证，确认入账依据、金额和合法合规性。

制作记账凭证：借记“原材料——××材料”、“库存商品——××产品”等相关科目，贷记“委托加工物资——××单位”。

2. 委托加工物资成本结转管理实例

实例：2004年6月，UG公司委托DK公司加工N款女装一批，委托加工物资成本43000元，其中，D布料成本40000元，加工过程中支付加工费 3000 元。20 日 N 款女装完工收回入库，仓库送来“入库单”。

账务处理：会计结合委托加工合同，审核“入库单”等单证，无误后，进行下列账务处理：

制作记账凭证时，会计在“摘要”栏填写“委外加工女装收回”在“科目”和“金额”栏分别按总账科目和明细科目、借方和贷方填写分录，即借记“库存商品——N 款女装 43000”，贷记“委托加工物资——DK 公司 43000”，金额都以“蓝”字入账，将“入库单”等单证贴在记账凭证后面入账。

登记账簿时，将委托加工的 N 款女装成本过入委托加工物资账簿核算，结转委托加工物资成本。

（四）委托加工物资账簿和财务分析管理

委托加工物资账簿管理详见本书第五章有关内容。

委托加工物资财务分析管理主要有：委托加工物资成本构成分析、委托加工物资期末余额构成分析等，详见本书第五章有关内容。

第三节　商品成本会计实务

一、主营业务成本管理实务

（一）主营业务成本管理

企业主营业务成本增加核算，通常包括：库存商品、半成品和委托加工物资成本转入，分期收款发出商品成本转入，发出商品成本转入，委托代销商品成本转入等。

1. 审核单证，制作记账凭证

（1）库存商品转入主营业务成本

审核单证：结合销售合同，审核“销售清单”、“出库单”等单证，确认入账依据、金额和合法合规性。

制作记账凭证：借记“主营业务成本”，贷记“库存商品——××产品”。

（2）半成品和委托加工物资成本转入主营业务成本

审核单证：企业半成品和委托加工物资对外销售，先办理入库手续，审核“入库单”等单证，并制作记账凭证，将半成品和委托加工物资成本转入相应的库存商品核算。然后，会计结合销售合同，审核“出库单”等单证，确认入账依据、金额和合法合规性。

制作记账凭证：结转库存商品时，借记“库存商品——××产品”，贷记“委托加工物资——××单位”，或贷记“生产成本——××半成品”；结转主营业务成本时，借记“主营业务成本”，贷记“库存商品——××产品”。

2. 主营业务成本发生管理实例

实例：2004 年 10 月 8 日，AS 榨油厂销售给 DR 商贸公司代销豆油 4000 公斤，该批豆油成本价 4 元/公斤，豆油发出，仓库送来“出库单”。

账务处理：会计结合销售合同，审核“出库单”等单证，无误后，进行下列账务处理：

制作记账凭证时，会计在“摘要”栏填写“结转销售豆油成本”，在“科目”和“金额”栏分别按总账科目和明细科目、借方和贷方填写分录，即借记“主营业务成本 16000”，贷记“库存商品——豆油 16000”，金额都以“蓝”字入账，将“出库单”等单证贴在记账凭证后面入账。

登记账簿时，将销售豆油的成本过入主营业务成本账簿核算。

（二）主营业务成本结转管理

在月底，会计将主营业务成本结转本年利润。

1. 审核单证，制作记账凭证

审核单证： 在月底计算汇总当期主营业务成本发生额，将主营业务成本发生额转入本年利润。

制作记账凭证： 借记“本年利润”，贷记“主营业务成本”。

2. 主营业务成本结转管理实例

实例： 2004 年 9 月 1 日，会计根据主营业务成本明细账，计算 8 月份主营业务成本发生额合计 231000 元。

账务处理： 在制作记账凭证时，会计在“摘要”栏填写“结转 8 月份主营业务成本”，在“科目”和“金额”栏分别按总账科目和明细科目、借方和贷方填写分录，即借记“本年利润 231000”，贷记“主营业务成本 231000”，金额都以“蓝”字入账。

登记账簿时，将上述业务过入主营业务成本账簿核算，结转主营业务成本，期末余额为“零”。

（三）主营业务成本账簿和财务分析管理

主营业务成本账簿管理详见本书第五章有关内容。

主营业务成本财务分析管理主要有：主营业务成本发生构成分析等，详见本书第五章有关内容。

二、其他业务支出管理实务

（一）其他业务支出管理

企业销售原材料、对外提供辅助生产服务和非生产性劳务等业务的支出，通常在其他业务支出科目核算。

1. 审核单证，制作记账凭证

（1）销售原材料

审核单证： 结合销售合同，审核“出库单”等单证，确认入账依据、金额和合法合规性。

制作记账凭证： 借记“其他业务支出——销售原材料”，贷记

“原材料——××材料”。

(2) 辅助生产部门对外提供修理修配劳务支出

审核单证：结合修理修配合同，审核“出库单”等相关单证，确认入账依据、金额和合法合规性。

制作记账凭证：借记“其他业务支出——修理修配”，贷记“银行存款——××账号”或“低值易耗品——××低值易耗品”等相关科目。

(3) 车队对外提供运输服务支出

审核单证：结合运输服务合同，审核有关费用支出单证，确认入账依据、金额和合法合规性。

制作记账凭证：借记“其他业务支出——运输服务”，贷记“银行存款——××账号”或“现金”等相关科目。

2. 其他业务支出发生管理实例

实例：2004 年 11 月 6 日，AS 榨油厂车队给 DF 水泥厂运输水泥，发生油料费和过桥费等支出 2000 元，车队司机来财务部报账。

账务处理：会计审核“付款审批单”、油料费和过桥费发票等单证，无误后，进行下列账务处理：

制作记账凭证时，会计在“摘要”栏填写“车队报销 11 月份代客运输支出”，在“科目”和“金额”栏分别按总账科目和明细科目、借方和贷方填写分录，即借记“其他业务支出——运输服务 2000”，贷记“现金 2000”，金额都以“蓝”字入账，将“付款审批单”、油料费和过桥费发票等单证贴在记账凭证后面入账。

登记账簿时，将上述业务过入其他业务支出账簿核算。

(二) 其他业务支出结转管理

会计在月底将其他业务支出转入本年利润。

1. 审核单证，制作记账凭证

审核单证：在月底计算汇总当期其他业务支出发生额，将其他业务支出发生额转入本年利润。

制作记账凭证：借记“本年利润”，贷记“其他业务支出——××支出”。

2. 其他业务支出结转管理实例

实例：2004 年 9 月 1 日，会计根据其他业务支出明细账计算汇总 8 月份销售原材料发生额合计 21000 元。

账务处理：在制作记账凭证时，会计在“摘要”栏填写“结转 8 月份销售原材料成本”，在“科目”和“金额”栏分别按总账科目和明细科目、借方和贷方填写分录，即借记“本年利润 21000”，贷记“其他业务支出——销售原材料 21000”，金额都以“蓝”字入账。

登记账簿时，将上述业务过入其他业务支出账簿核算，结转其他业务支出成本。

（三）其他业务支出账簿和财务分析管理

其他业务支出账簿管理详见本书第五章有关内容。

其他业务支出财务分析管理主要有：其他业务支出发生构成分析等，详见本书第五章有关内容。

三、分期收款发出商品成本管理实务

（一）流程管理

1. 流程图

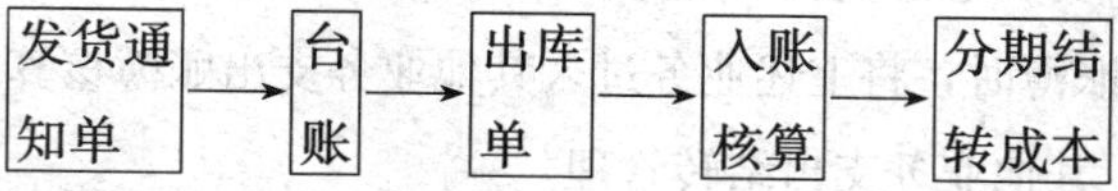

2. 流程说明

2.1 库存商品对外发货时，营销部经办人制作“发货通知单”，营销部负责人审核确认后，会计审核“发货通知单”，并签署意见。

2.2 会计在审核“发货通知单”时，登记销售管理台账。

2.3 库存商品仓库库管员审核“发货通知单”，无误后，办理发货，开具“出库单”，仓库负责人审核确认，由营销部经办人签字后，一联交营销部备查，一联交财务。

2.4 成本会计审核“出库单”，无误后，制作记账凭证入账核算，并在销售管理台账上做记录。

2.5 会计按照销售合同约定，按期确认销售收入，并结转相应的销售成本。

（二）分期收款发出商品管理

企业以分期收款发出商品方式销售产品，合同约定在产品发出后，购货方分期向企业支付约定的货款金额。在产品发出时，会计将库存商品成本转入分期收款发出商品核算。

1. 审核单证，制作记账凭证

审核单证：结合分期收款发出商品销售合同，审核“出库单”等单证，确认入账依据、金额和合法合规性。

制作记账凭证：借记“分期收款发出商品——××单位”，贷记“库存商品——××产品”。

2. 分期收款发出商品发生管理实例

实例：2004 年 6 月 12 日，AS 榨油厂销售花生油给 HB 公司，双方约定分三次等额付款，销售量 2000 公斤，成本价 6 元/公斤。

账务处理：会计结合分期收款发出商品销售合同，审核“出库单”等单证，无误后，进行下列账务处理：

制作记账凭证时，会计在“摘要”栏填写“分期收款销售 HB 公司花生油”，在“科目”和“金额”栏分别按总账科目和明细科目、借方和贷方填写分录，即借记“分期收款发出商品——HB 公司 12000”，贷记“库存商品——花生油 12000”，金额都以“蓝”字入账，将“出库单”等单证贴在记账凭证后面入账。

登记账簿时，将上述业务过入分期收款发出商品账簿核算。

（三）分期收款发出商品成本结转管理

货款到期时，会计依据合同约定，将到期的货款金额确认为销售收入，同时将相应的分期收款发出商品成本转入主营业务成本。

1. 审核单证，制作记账凭证

审核单证：在货款到期日，结合分期收款发出商品销售合同，计算到期货款金额应结转相应的成本，确认入账依据、金额和合法合规性。

制作记账凭证：借记“主营业务成本”，贷记“分期收款发出商品——××单位”。

2. 分期收款发出商品成本结转管理实例

实例：2004 年 6 月 12 日，AS 榨油厂销售花生油给 HB 公司，双方约定分三次等额付款，销售量 2000 公斤，成本价 6 元/公斤。6 月 30 日，第一次付款到期。

账务处理：在 6 月 30 日，会计结合销售合同，计算本次应结转的成本，即：2000×6÷3=4000（元）。

制作记账凭证时，会计在“摘要”栏填写“BJ2001—XS048 结转分期收款成本”，在“科目”和“金额”栏分别按总账科目和明细科目、借方和贷方填写分录，即借记“主营业务成本 4000”，贷记“分期收款发出商品——河北 HB 公司 4000”，金额都以“蓝”字入账，将结转成本计算单等单证贴在记账凭证后面入账。

登记账簿时，将上述业务过入分期收款发出商品账簿核算，结转分期收款发出商品成本。

（四）分期收款发出商品账簿和财务分析管理

分期收款发出商品账簿管理详见本书第五章有关内容。

分期收款发出商品财务分析管理主要有：分期收款发出商品构成分析等，详见本书第五章有关内容。

四、发出商品成本管理实务

（一）流程管理

1. 流程图

发货通知单 → 台账 → 出库单 → 入账核算 → 结转成本

2. 流程说明

2.1 库存商品对外发货时，营销部经办人制作“发货通知单”，营销部负责人审核确认后，会计审核“发货通知单”，并签署意见。

2.2 会计在审核“发货通知单”时，登记销售管理台账。

2.3 库存商品仓库库管员审核“发货通知单”，无误后，办理发货，开具“出库单”，仓库负责人审核确认，由营销部经办人签字后，一联交营销部备查，一联交财务。

2.4 成本会计审核“出库单”，无误后，制作记账凭证入账核算，并在销售管理台账上做记录。

2.5 会计在收到销售货款时，按实际销售额确认销售收入，并结转相应的销售成本。

（二）发出商品管理

企业向客户赊销商品，但不知是否能收回货款，并且会计暂时无法确认收入，在库存商品发出时，会计将库存商品成本转入发出商品核算。

1. 审核单证，制作记账凭证

审核单证：结合销售合同，审核“出库单”等单证，确认入账依据、金额和合法合规性。

制作记账凭证：借记“发出商品——××单位”，贷记“库存商品——××产品”。

2. 发出商品发生管理实例

实例： 2004 年 6 月 12 日，KH 化妆品厂销售新款“Y 面乳”给 BH 公司，因为是试销，KH 化妆品厂暂时没有收款，但是 KH 化妆品厂相信该款“面乳”市场看好，可以收回货款。销售量 200 套，成本价 48 元/套。

账务处理： 会计结合销售合同，审核“出库单”等单证，无误后，进行下列账务处理：

制作记账凭证时，会计在“摘要”栏填写“发出商品销售 BH 公司面乳”，在“科目”和“金额”栏分别按总账科目和明细科目、借方和贷方填写分录，即借记“发出商品——BH 公司 9600”，贷记“库存商品——Y 面乳 9600”，金额都以“蓝”字入账，将“出库单”等单证贴在记账凭证后面入账。

登记账簿时，将上述业务过入发出商品账簿核算。

（三）发出商品成本结转管理

企业收到赊销的货款时，会计在确认销售收入的同时，将发出商品成本结转主营业务成本。

1. 审核单证，制作记账凭证

审核单证： 企业收到货款时，结合销售合同，审核收款单证等单证，确认入账依据、金额和合法合规性，在确认销售收入时，结转相应的销售成本。

制作记账凭证： 借记“主营业务成本”，贷记“发出商品——××单位”。

2. 发出商品成本结转管理实例

实例： 2004 年 10 月 20 日，KH 化妆品厂收到给 BH 公司新款“Y 面乳”200 套货款，成本价 48 元/套。

账务处理： 会计结合销售合同，审核收款单证等单证，无误后，在结转成本时进行下列账务处理：

制作记账凭证时，会计在“摘要”栏填写“结转销售面乳成本”，在“科目”和“金额”栏分别按总账科目和明细科目、借方和贷方填写分录，即借记“主营业务成本 9600”，贷记“发出商品——河北 BH 公司 9600”，金额都以“蓝”字入账。

登记账簿时，将上述业务过入发出商品账簿核算，结转发出商品成本。

（四）发出商品账簿和财务分析管理

发出商品账簿管理详见本书第五章有关内容。

发出商品财务分析管理主要有：发出商品构成分析等，详见本书第五章有关内容。

五、委托代销商品成本管理实务

（一）流程管理

1. 流程图

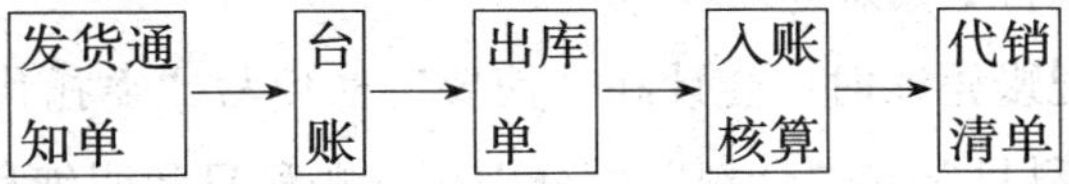

2. 流程说明

2.1 库存商品对外发货时，营销部经办人制作“发货通知单”，营销部负责人审核确认后，会计审核“发货通知单”，并签署意见。

2.2 会计在审核“发货通知单”时，登记销售管理台账。

2.3 库存商品仓库库管员审核“发货通知单”，无误后，办理发货，开具“出库单”，仓库负责人审核确认，由营销部经办人签字后，一联交营销部备查，一联交财务。

2.4 成本会计审核“出库单”，无误后，制作记账凭证入账核算，并在销售管理台账上做记录。

2.5 会计在收到“代销清单”时，按客户实际销售数量和金额确认销售收入，并结转相应的销售成本。

（二）委托代销商品管理

企业与受托方签订委托代销协议，将产品发给受托方销售，受托方定期向企业提交“代销清单”，及时结算已经销售的委托代销产品货款。

1. 审核单证，制作记账凭证

审核单证：结合委托代销合同，审核“出库单”等单证，确认入账依据、金额和合法合规性。

制作记账凭证：借记“委托代销商品——××单位”，贷记“库存商品——××产品”。

2. 委托代销商品发生管理实例

实例：AS榨油厂委托DR商贸公司代销豆油4000公斤，该批豆油成本价4元/公斤，2004年10月8日豆油发出。

账务处理：会计结合委托代销合同，审核“出库单”等单证，无误后，进行下列账务处理：

制作记账凭证时，会计在“摘要”栏填写“委托代销发出豆油”，在“科目”和“金额”栏分别按总账科目和明细科目、借方和贷方填写分录，即借记“委托代销商品——DR公司16000”，贷记“库存商品——豆油16000”，金额都以“蓝”字入账，将“出库单”等单证贴在记账凭证后面入账。

登记账簿时，将委托代销豆油的成本过入委托代销商品账簿核算。

（三）委托代销商品成本结转管理

企业收到受托方提交的“代销清单”后，会计按产品的实际销售数量和金额确认销售收入，并将相应的委托代销商品成本转入主营业务成本。

1. 审核单证，制作记账凭证

审核单证：结合委托代销合同，审核“代销清单”等单证，确认入账依据、金额和合法合规性。

制作记账凭证：借记“主营业务成本”，贷记“委托代销商品——××单位”。

2. 委托代销商品成本结转管理实例

实例：AS榨油厂委托DR商贸公司代销豆油4000公斤，该批豆油成本价4元/公斤，2004年10月8日豆油发出后，11月2日收到DR商贸公司“代销清单”，注明已销售1500公斤，并结算相应销售收入。

账务处理：会计结合委托代销合同，审核“代销清单”等单证，无误后，进行下列账务处理：

制作记账凭证时，会计在“摘要”栏填写“结转委托代销豆油成本”，在“科目”和“金额”栏分别按总账科目和明细科目、借方和贷方填写分录，即借记“主营业务成本6000”，贷记“委托代销商品——DR公司6000”，金额都以“蓝”字入账，将“代销清单”等单证贴在记账凭证后面入账。

登记账簿时，将上述业务过入委托代销商品账簿核算，结转委托代销商品成本。

（四）委托代销商品账簿和财务分析管理

委托代销商品账簿管理详见本书第五章有关内容。

委托代销商品财务分析管理主要有：委托代销商品构成分析等，详见本书第五章有关内容。

第四节 全额拨款和差额补助事业单位商品成本会计实务

一、概述

按照国家有关规定，自收自支事业单位实行企业化管理。自收自支事业单位成本会计管理要参照企业成本会计管理执行。

对于全额拨款事业单位和差额补助事业单位，他们主要是从事专业业务活动及辅助活动，经营活动不是其主业，因而这些单位的成本费用管理主要是从属性的。这些单位如果附带经营生产、商品销售、宾馆服务等业务的，其日常发生的“原料成本”、“生产成本”的管理，可以参照本书的有关章节办理；但是，对于日常发生的“商品成本”，按照行政事业单位会计制度，必须通过“经营支出”科目核算。通常，“经营支出”科目按“基本支出”和“项目支出”设置明细核算科目。

在实务中，对于规模小，生产加工业务量不大的单位，为了简化会计核算工作，通常不再单设“生产成本”、“辅助生产成本”、“制造费用”等核算生产加工业务的明细账，直接设置“生产费用”明细账，将生产领用原材料成本、低值易耗品摊销、生产人员薪酬福利费、房租费、水电费等业务，并入“生产费用”明细账核算，会计在月末（采用“分批法”核算成本的企业，在产品完工时），结转分摊到相应的产成品成本。

全额拨款和差额补助事业单位的固定资产依法不计提折旧，这些单位从事经营活动所发生生产成本，与企业相比，缺少了分摊的固定资产折旧成本。全额拨款和差额补助事业单位经营性固定资产经修费和维护费，通常直接计入“经营支出”科目。

全额拨款和差额补助事业单位库存商品出库计价方法管理和库存商品期末计价管理，参见本书“存货计价方法和期末计价管理”有关章节内容。

全额拨款事业单位和差额补助事业单位开展各项专业业务活动及辅助活动所发生的事业支出、专款支出、上缴上级支出、对其他单位的拨款和所属单位的补助支出，依法都不应作为成本费用管理。

二、经营支出管理实务

经营支出主要核算销售产（商）品、销售材料、提供劳务等经营活动所发生的商品成本，因经营活动发生的固定资产经修费和培训费等期间费用。

（一）经营支出发生管理

经营支出增加核算，通常包括：库存商品、材料、半成品和委托加工物资成本转入，分期收款发出商品成本转入，发出商品成本转入，委托代销商品成本转入，经营性固定资产维修费，因经营活动发生的培训费等。

1. 审核单证，制作记账凭证

(1) 库存商品转入经营支出

审核单证：结合销售合同，审核“销售清单”、“出库单”等相关单证，确认入账依据、金额和合法合规性。

制作记账凭证：借记“经营支出——基本支出”，贷记“库存商品——××产品”。

(2) 经营人员外出培训费

审核单证：审核培训派遣手续、差旅费报销审批单、有关费用支出发票、差旅费借款结算单等，确认入账依据的真实性、完整性、合法合规性和“证证”一致性。

制作记账凭证：借记“经营支出——基本支出”，贷记“其他应收款——××人”，对于结算的多退少补的差旅费借款，借记或贷记“现金”。

2. 经营支出发生管理实例

实例：2004 年 10 月 8 日，AS 事业单位销售给 DR 商贸公司代销豆油 4000 公斤，该批豆油成本价 4 元/公斤，豆油发出，仓库送来“出库单”。

账务处理：会计结合销售合同，审核“出库单”等单证，无误后，进行下列账务处理：

制作记账凭证时，会计在“摘要”栏填写“结转销售豆油成本”，在“科目”和“金额”栏分别按总账科目和明细科目、借方和贷方填写分录，即借记“经营支出——基本支出 16000”，贷记“库存商品——豆油 16000”，金额都以“蓝”字入账，将“出库单”等单证贴在记账凭证后面入账。

登记账簿时，将销售豆油的成本过入经营支出账簿核算。

（二）经营支出结转管理

在月底，会计将经营支出结转本年利润。

1. 审核单证，制作记账凭证

审核单证：在月底计算汇总当期经营支出发生额，将经营支出发生额转入本年利润。

制作记账凭证：借记“经营结余”，贷记“经营支出”。

2. 经营支出结转管理实例

实例：2004 年 8 月 31 日，会计根据经营支出明细账，计算 8 月份经营支出发生额合计 231000 元。

账务处理：在制作记账凭证时，会计在“摘要”栏填写“结转 8 月份经营支出”，在“科目”和“金额”栏分别按总账科目和明细科目、借方和贷方填写分录，即借记“经营结余 231000”，贷记“经营支出 231000”，金额都以“蓝”字入账。

登记账簿时，将上述业务过入经营支出账簿核算，结转经营支出，期末余额为“零”。

（三）经营支出账簿和财务分析管理

经营支出账簿管理详见本书第五章有关内容。

经营支出财务分析管理主要有：经营支出发生额构成分析等，详见本书第五章有关内容。

第四章 存货计价管理和存货盘点管理实务

第一节 存货计价管理实务

一、存货计价方法管理

依据我国有关财经法规规定，存货应以实际成本入账。在实务中，我国工业企业存货的计价方法主要有：个别计价法、先进先出法、加权平均法、移动平均法、后进先出法和计划成本法等。

（一）存货计价方法简介

1. 个别计价法：适用于容易识别、品种数量不多、单价较高的存货计价。

2. 先进先出法：先入库的存货成本在后入库的存货成本之前转出，据此确定发出存货和期末存货的成本。

3. 加权平均法：通常以本月全部收货数量加月初存货数量作为权数，去除本月全部收货成本加上月初存货成本，计算出存货的加权平均单价，从而确定存货的发出和库存成本。

4. 移动平均法：通常以本次收货数量加库存数量，本次收货成本加库存成本，计算出存货的移动平均单价，据以确定存货的发出和库存成本。

5. 后进先出法：对存货发出，按最近收进该存货的单价进行计价，据以确定存货的发出和库存成本。

6. 计划成本法：企业存货的收入、发出和结余均按预先制定的计划成本计价，同时另设“材料成本差异”科目，登记实际成本与计划成本的差额，在月底会计需通过“材料成本差异”科目，将发出存货和存货期末余额调整为实际成本。

（二）存货计价方法核算管理实例

1. 加权平均法

实例：2004 年 8 月份，北京 AS 榨油厂月初库存大豆 2000 公斤，成本 2600 元；本月购入大豆 8000 公斤，购入成本 12000 元；本月发出大豆 9000 公斤。

存货计价核算：

加权平均单价：(2600＋12000) ÷ (2000＋8000) ＝1.46（元/公斤）

发出大豆本月发出大豆成本：9000×1.46＝13140（元）

本月库存大豆成本：2600＋12000－13140＝1460（元）

2. 移动平均法

实例：2004 年 8 月份，北京 AS 榨油厂月初库存大豆 2000 公斤，成本 2600 元；8 月 2 日购入大豆 1000 公斤，购入成本 1200 元；8 月 6 日发出大豆 1500 公斤；8 月 20 日购入大豆 7000 公斤，购入成本 10500 元；8 月 30 日发出大豆 7500 公斤。

存货计价核算：

8 月 2 日移动平均单价：（2600＋1200）÷（2000＋1000）＝1.27（元/公斤）

8 月 6 日发出大豆成本：1500×1.27＝1905（元）

8 月 6 日库存大豆成本：2600＋1200－1905＝1895（元）

8 月 20 移动平均单价：（1895＋10500）÷（1500＋7000）＝1.46（元/公斤）

8 月 30 日发出大豆成本：7500×1.46＝10950（元）

8 月 30 日库存大豆成本：1895＋10500－10950＝1445（元）

二、存货期末计价管理

（一）存货的期末计价管理概述

为了客观、真实、准确地反映企业期末存货的实际价值，有些企业采用“成本与可变现净值孰低法”对期末存货的计价进行管理，通过“存货跌价损失”或“存货跌价准备”科目，对存货的跌价因素进行合理核算，从而使资产负债表更真实地反映企业期末存货的实际价值。企业采用“备抵法”核算期末存货跌价，计提跌价损失时，会计借记“存货跌价损失”，贷记“存货跌价准备——××存货”；冲回或转销跌价损失时，会计借记“存货跌价准备——××存货”，贷记“存货跌价损失”。

企业按成本与可变现净值孰低法对存货计价时，有三种不同的计算方式可供选择，即单项比较法、分类比较法和总额比较法。我国有关会计制度规定，存货跌价损失准备应按单个存货项目成本低于其可变现净值的差额提取。

1. 单项比较法：对库存的每一种存货的成本和可变现净值进行逐项比较，每项存货均取较低数确定存货的期末成本。

2. 分类比较法：将存货按属性归类，对库存的每类存货的合计成本和合计可变现净值进行比较，每类存货均取较低数确定存货的期末成本。

3. 总额比较法：按全部存货的总成本与可变现净值总额进行比较，以较低数作为全部存货的期末成本。

目前我国所得税法规定，“存货跌价准备”不得在企业所得税前列支。

（二）存货的期末计价核算管理实例

实例： AB 投资公司 2003 年 5 月份存货情况如下：①2 日购入 W 材料一批，从“工行”账户实付 50 万元；②6 日购入甲商品一批，从“工行”账户实付 40 万元。5 月末存货价值涨跌情况如下表：

存货价值涨跌情况表

2003 年 5 月 31 日　　　　　　　　单位：元

短期投资项目	成本	市价	月末价值涨跌	备注
Y 材料	561000	472000	－89000	上月已提跌价 56000
D 材料	230000	234000	＋4000	上月已提跌价 800
W 材料	500000	500100	＋100	
甲商品	400000	389000	－11000	
合 计	1691000	1595100	－95900	

账务处理：5 月 2 日购入 W 材料，会计审核采购审批手续、付款审批单、付款单证、入库单等；5 月 6 日购入甲商品，会计审核采购审批手续、付款审批单、付款单证、入库单等；5 月 31 日计提存货跌价准备，会计审核“存货跌价准备计算表”等，确认入账依据的真实性、完整性、合法合规性和“证证”一致性。

5 月 2 日，会计在记账凭证“摘要”栏填写“购入 W 材料”，在“科目”和“金额”栏分别按总账科目和明细科目、借方和贷方填写分录，即借记“原材料——W 材料 500000”，贷记“银行存款——工行 500000”，金额都以“蓝”字入账，将采购审批手续、付款审批单、付款单证、入库单等单证贴在记账凭证后面入账。

5 月 6 日，会计在记账凭证“摘要”栏填写“购入甲商品”，在“科目”和“金额”栏分别按总账科目和明细科目、借方和贷方填写分录，即借记“库存商品——甲商品 400000”，贷记“银行存款——工行 400000”，金额都以“蓝”字入账，将采购审批手续、付款审批单、付款单证、入库单等单证贴在记账凭证后面入账。

5月31日，会计在记账凭证“摘要”栏填写“计提存货跌价准备”，在“科目”和“金额”栏分别按总账科目和明细科目、借方和贷方填写分录，即借记“存货跌价损失 43200”，借记“存货跌价准备——D材料 800”，贷记“存货跌价准备——Y材料 33000”，贷记“存货跌价准备——甲商品 11000”，金额都以“蓝”字入账，将存货跌价准备计算表贴在记账凭证后面入账。

第二节　存货盘点管理实务

一、存货盘点流程管理

（一）流程图

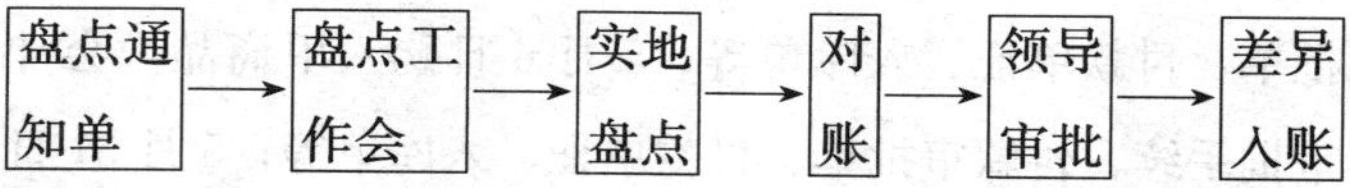

（二）流程说明

1. 企业办公室（行政部）经办人制作“存货盘点通知单”，经办公室（行政部）负责人审核确认后，下发给仓库、审计部、财务部、生产部和营销机构等部门。

2. 企业召开存货盘点工作会，组织盘点小组，布置盘点工作，确定盘点日期和其他有关盘点事项。

3. 会计参与实地盘点，监督盘点工作的执行，并在盘点表上签字，确认盘点结果。

4. 将盘点结果与财务账面核对，并将核对结果记录在盘点表上，及时查明存货盘盈（亏）原因。

5. 企业领导审核实地盘点结果和对账结果，签批意见。

6. 会计依据企业领导批示，制作记账凭证，将存货账存和实存差异入账核算。

二、存货盘点管理实务

(一) 存货盘点管理

1. 存货盘点的组织执行

存货实地盘点一般由办公室(行政部)发放盘点通知,召集仓库、生产部、营销机构、审计部和财务部等有关部门人员参加盘点工作会议,宣布盘点工作事项,组织盘点小组,确定盘点日期,会后由各资产管理部门分头安排盘点工作,将待盘资产分类放置有序,准备盘点表和盘点标识。会计在存货盘点日前及时结出存货账存数量、单价和金额。

会计作为盘点小组成员之一,参加实地盘点,并对存货盘点执行工作进行监督。在盘点过程中,发现可疑之处时,应及时询问资产管理部门的当事人,并记录在案。实地盘点结束时,参加盘点的人员在盘点表上签字确认。

2. 单证格式实例

例:存货盘点表(格式)

存货盘点表

年　月　日

资产管理部门:

品　名	规格型号	实盘数量	账存数量	盘盈(亏)	单价	金额	原因

品　名	规格型号	实盘数量	账存数量	盘盈（亏）	单价	金额	原因
盘点方法和过程描述：							
盘点小组成员：							
资产管理部门负责人审核：							
财务负责人审核：							
企业领导审批：							

（二）存货盘点结果的处理

盘点小组将盘点结果与会计账存数量核对，对于存货盘盈和盘亏，及时查明情况，并及时将盘点结果和对账结果上报企业领导审批，会计依据企业领导的批示入账核算，及时调整企业存货账存和实存的差异。在会计核算时，存货盘点差异通过“待处理财产损溢——待处理流动资产损溢”科目核算。

为了保证企业资产的质量和真实性，《企业会计制度》对“待处理财产损溢”的会计处理作了新规定，即企业对财产清查中所发生的盘亏，“于期末前查明原因，并根据企业的管理权限，经股东大会或董事会，或经理（厂长）会议或类似机构批准后，于期末结账前处理完毕”，“期末结账前尚未经批准的，在对外提供的财务报告时先按上述规定进行处理，并在会计报表附注中做出说明；如果其后批准的金额与已处理的金额不一致，调整当期会计报表相关项目的年初数。”

三、存货盘点差异管理实务

（一）存货盘点差异确认管理

企业实行“永续盘存制”核算时，期末存货实地盘点发生盘盈或盘亏，会计通过明细科目“待处理流动资产损溢”核算，确认存货盘盈或盘亏，及时调整存货账存数量和金额，以保证存货账存和实存一致。

1. 审核单证，制作记账凭证

（1）存货盘盈

审核单证：会计对“存货盘点表”的盘点结果和审批手续等进行审核，确认入账依据、金额和合法合规性。

制作记账凭证：借记“库存商品——××商品”、“低值易耗品——××低值易耗品”等相关科目，贷记“待处理资产损溢——待处理流动资产损溢”。

（2）存货盘亏

审核单证：会计对“存货盘点表”的盘点结果和审批手序等进行审核，确认入账依据、金额和合法合规性。

制作记账凭证：借记“待处理资产损溢——待处理流动资产损溢”，贷记“库存商品——××商品”、“低值易耗品——××低值易耗品”等相关科目。

2. 存货盘点差异确认管理实例

实例：2002 年 12 月 20 日，北京 DG 超市存货盘点，盘盈花生仁 20 公斤，变质花生仁 10 公斤，成本价 2 元/公斤；盘亏方便面 10 包，成本价 1.20 元/公斤。“存货盘点表”已经企业领导审核确认。北京 DG 超市采用实际成本计价。

账务处理：会计审核“存货盘点表”，无误后，进行下列账务处理：

制作记账凭证时，会计在“摘要”栏填写“12月份存货盘盈（亏）”，在“科目”和“金额”栏分别按总账科目和明细科目、借方和贷方填写分录，对于存货盘盈，会计借记“库存商品——花生仁40”贷记“待处理资产损溢——待处理流动资产损溢40”；对于存货盘亏，会计借记“待处理资产损溢——待处理流动资产损溢32”，贷记“库存商品——花生仁20”，贷记“库存商品——方便面12”，金额都以“蓝”字入账，将“存货盘点表”贴在记账凭证后面入账。

登记账簿时，内贸会计将上述业务过入库存商品、待处理流动资产损溢账簿核算。

（二）存货盘点差异摊销管理

对于存货盘盈或盘亏，在期末结账前，会计依据企业权力机构审批（期末结账前权力机构尚未审批的，先根据自己的职业判断），将待处理流动资产损溢按盘盈和盘亏分别摊销，期末本科目不留余额。

1. 审核单证，制作记账凭证

（1）存货盘盈摊入管理费用或营业外收入

审核单证：会计审核“存货盘点表”，确认入账依据、金额和合法合规性。

制作记账凭证：借记“待处理资产损溢——待处理流动资产损溢”，贷记“管理费用——存货盘盈”，贷记“营业外收入——存货盘盈”。

（2）存货盘亏摊入营业外支出

审核单证：会计审核“存货盘点表”，确认入账依据、金额和合法合规性。

制作记账凭证：借记“营业外支出——存货盘亏”，贷记“待处理资产损溢——待处理流动资产损溢”。

（3）存货盘亏摊入管理费用

审核单证：会计审核“存货盘点表”，确认入账依据、金额和合法合规性。

制作记账凭证：借记“管理费用——存货盘亏”，贷记“待处理资产损溢——待处理流动资产损溢”。

（4）存货盘亏摊入其他应收款

审核单证：会计审核“存货盘点表”，确认入账依据、金额和合法合规性。

制作记账凭证：借记“其他应收款——××人”，贷记“待处理资产损溢——待处理流动资产损溢”。

2. 存货盘点差异摊销管理实例

实例：2002 年 12 月 25 日，北京 DG 超市查明存货盘点差异原因，并取得经理办公会批示。盘盈花生仁 20 公斤，属日常收发误差，变质花生仁 10 公斤，属仓库地面潮湿所致，成本价 2 元/公斤；盘亏方便面 10 公斤，属正常管理损失，成本价 1.20 元/公斤。“存货盘点表”提交企业领导审批。经企业领导批示后，会计按存货盘盈（亏）形成原因入账。

账务处理：会计审核企业管理机构批示，无误后，进行下列账务处理：

制作记账凭证时，会计在“摘要”栏填写“摊销待处理财产损溢”，在“科目”和“金额”栏分别按总账科目和明细科目、借方和贷方填写分录，对于存货盘盈，会计借记“待处理财产损溢——待处理流动资产损溢 40”，贷记“管理费用——存货盘盈 40”；对于存货盘亏，会计“营业外支出——存货盘亏 20”，借记“管理费用——存货盘亏 12”，贷记“待处理财产损溢——待处理流动资产损溢 32”，金额都以“蓝”字入账，将企业领导批示贴在记账凭证后面入账。

登记账簿时，内贸会计将上述业务过入待处理流动资产损溢、管理费用、营业外支出账簿核算。

记账凭证实例：

记 账 凭 证

2002 年 12 月 25 日　　　　　　字第 68 号

摘　要	总账科目	明细科目	记	借方金额								记	贷方金额							
			账	十	万	千	百	十	元	角	分	账	十	万	千	百	十	元	角	分
摊销待处理	待处理财产损益	待处理流动资产损益						4	0	0	0									
财产损溢	管理费用	存货盘盈															4	0	0	0
	营业外支出	存货毁损						2	0	0	0									
	管理费用	存货盘亏						1	2	0	0									
	待处理财产损益	待处理流动资产损益															3	2	0	0
会计主管　　记账　　出纳　　审核　　制单																				

（三）存货盘点差异账簿和财务分析管理

存货盘点差异账簿管理包括待处理流动财产损溢等，详见本书第五章有关内容。

存货盘点差异财务分析主要有待处理流动资产损溢构成分析等，详见本书第五章有关内容。

第五章　成本会计账簿和财务分析管理实务

第一节　成本会计账簿管理实务

一、概述

（一）会计账簿管理一般要求

请参见本套丛书《跟我学做往来账会计》有关内容。

（二）成本会计账簿管理

成本会计账簿的设置和核算，通常根据经济主体的经济业务情况和单位的管理要求，依据国家相应的会计制度办理。在总账科目下，可以依法设置“子科目”、“二级子科目”等核算账户。概括地说，各乡镇经济主体可以设置的总账核算科目主要有：

1. 全额拨款事业单位和差额补助事业单位往来账核算科目包括“原材料”、“包装物”、“低值易耗品”、“材料成本差异”、“商品进销差价”、“制造费用”、“生产成本”、“库存商品”、“委托加工物资”、“分期收款发出商品”、“发出商品”、“委托代销商品”、“经营支出”等；

2. 村集体经济组织往来账核算科目包括“库存物资”、“牲畜（禽）资产”、“林木资产”、“生产（劳务）成本”、“经营支出”、“其他支出”等；

3. 企业和自收自支事业单位往来账核算科目包括“原材料”、“包装物”、“低值易耗品”、“材料成本差异”、“商品进销差价”、

"制造费用"、"生产成本"、"库存商品"、"委托加工物资"、"分期收款发出商品"、"发出商品"、"委托代销商品"、"其他业务支出"、"主营业务成本"、"待处理财产损溢"等。

二、成本会计账簿管理实务

（一）建账与账簿设置

1. 账簿设置

（1）数量金额式账簿

以数量金额式账簿核算的成本类科目主要有："库存物资"、"牲畜（禽）资产"、"林木资产"、"原材料"、"包装物"、"低值易耗品"、"库存商品"、"委托加工物资"、"分期收款发出商品"、"发出商品"、"委托代销商品"等。

（2）金额式账簿

以金额式账簿核算的成本类科目主要有："材料成本差异"、"商品进销差价"、"制造费用"、"生产成本"、"经营支出"、"生产（劳务）成本"、"其他支出"、"其他业务支出"、"主营业务成本"、"待处理财产损溢"等。

2. 建立核算账户

成本类会计科目的明细核算，通常按成本核算对象的名称或属性设置"子科目"。

（1）以成本核算对象的名称设置"子科目"

以成本核算对象的名称设置"子科目"的成本类科目主要有："库存物资"、"原材料"、"包装物"、"低值易耗品"、"材料成本差异"、"商品进销差价"、"库存商品"、"委托加工物资"、"分期收款发出商品"、"发出商品"、"委托代销商品"、"主营业务成本"等，例如："包装物——塑料油桶"。

在实务中，为了简化核算，"材料成本差异"、"商品进销差价"

和“主营业务成本”科目，在明细核算时可以不设置“子科目”。

（2）以成本核算对象的属性设置“子科目”

以成本核算对象的属性设置“子科目”的成本类科目主要有：“牲畜（禽）资产”、“林木资产”、“制造费用”、“生产成本”、“经营支出”、“生产（劳务）成本”、“其他支出”、“其他业务支出”、“待处理财产损溢”等，例如：“其他业务支出——塑料油桶出租”。

在实务中，为了简化核算，“经营支出”、“其他支出”、“其他业务支出”、“待处理财产损溢”科目，在明细核算时可以不设置“子科目”。

（二）明细账簿管理实例

例 1. 库存物资明细账簿管理

库存物资明细账

第 1 页

存货类别： 计量单位： 金额单位：元

存货编号： 名称及规格：小麦

2001 年		凭证号	摘 要	收 入			发 出			结 存		
月	日			数量	单价	金额	数量	单价	金额	数量	单价	金额
			上年结转									
			月 结									

例 2：牲畜（禽）资产明细账簿管理

牲畜（禽）资产明细账

第 1 页

存货类别：　　　　计量单位：　　　　金额单位：元

存货编号：　　　　名称及规格：奶牛

2001 年		凭证	摘 要	收 入			发 出			结 存		
月	日	号		数量	单价	金额	数量	单价	金额	数量	单价	金额
			上年结转									
			月 结									

例 3：原材料明细账簿管理

原材料明细账

最高存量：　　　　最低存量：　　　　第 1 页

存货类别：　　　　计量单位：公斤　　　　金额单位：元

存货编号：　　　　名称及规格：大豆

2001 年		凭证	摘 要	收 入			发 出			结 存		
月	日	号		数量	单价	金额	数量	单价	金额	数量	单价	金额
			上年结转							200	1.60	320
1	3	18	购入 A 公司大豆	100	1.80	180						
1	4	26	豆油车间领用大豆				50	1.60	80			
			月 结	100		180	50		80	250		420

2001年		凭证	摘要	收入			发出			结存		
月	日	号		数量	单价	金额	数量	单价	金额	数量	单价	金额
2	5	26	豆油车间领用大豆				160		258			
			月结				160		258	90	1.80	162
			累计	100		180	210		338			
12	20	86	豆油车间领用大豆				60	1.80	108			
			月结				60		108	30	1.80	54
			本年累计	100		180	270		446			
			结转下年							30	1.80	54

最高存量： 最低存量： 第5页

存货类别： 计量单位：公斤 金额单位：元

存货编号： 名称及规格：花生仁

2001年		凭证	摘要	收入			发出			结存		
月	日	号		数量	单价	金额	数量	单价	金额	数量	单价	金额
1	2	16	购入B公司花生仁	500	2.00	400						
1	15	64	购入H公司花生仁	250	1.90	475						
1	20	76	花生油车间领用花生仁				300		590			
			月结	450		870	300		590	150	1.90	285

例 4：包装物明细账簿管理

包装物明细账

第 5 页

存货类别：　　　　　　计量单位：只　　　　　　金额单位：元

存货编号：　　　　　　名称及规格：玻璃油瓶（1 公斤装）

2001 年		凭证	摘要	收入			发出			结存		
月	日	号		数量	单价	金额	数量	单价	金额	数量	单价	金额
			上年结转							200		120
1	20	59	豆油车间领用玻璃油瓶				100	0.68	68			
			月结				100		68	100	0.52	52

例 5：低值易耗品明细账簿管理

低值易耗品明细账

第 1 页

存货类别：　　　　　　计量单位：把　　　　　　金额单位：元

存货编号：　　　　　　名称及规格：12 寸扳手

2001 年		凭证	摘要	收入			发出			结存		
月	日	号		数量	单价	金额	数量	单价	金额	数量	单价	金额
5	20	56	购入 C 商店 12 存扳手	20	16.0	320						
5	21	64	维修车间领用 12 存扳手				16	16.0	256	256		
			月结	20		320	16		256	256	64	

例 6：材料成本差异明细账簿管理

材料成本差异明细账

大豆　　　　　第 1 页

单位：元

2001 年		凭证号	摘　要	对方科目	页数	借 方	贷 方	借或贷	余额
月	日								
1	2	16	购入 L 公司大豆成本差异				32		
1	6	28	购入 N 公司大豆成本差异				－60		
1	23	78	购入 K 公司大豆成本差异				80		
1	31	98	结转本月材料成本差异			52			
			月 结			52	52		0

例 7：制造费用明细账簿管理

制造费用明细账

第 1 页

单位：元

2001 年		凭证号	摘　要	借方	贷方	借或贷	余额	借（）方金额分析				
月	日							工资	福利费	折旧	水费	其他
1	28	86	计提 1 月份工资福利	7752				6800	952			
1	28	87	计提 1 月份折旧	6200						6200		

2001年		凭证号	摘要	借方	贷方	借或贷	余额	借（）方金额分析				
月	日							工资	福利费	折旧	水费	其他
1	30	97	计提1月水费	260							260	
1	30	98	1月份领扳手等工具	262								262
1	31	99	结转本月制造费用		14474							
			月结	14474	14474			6800	652	6200	260	262

例8：辅助生产成本明细账簿管理

辅助生产成本明细账

动力车间　　　　第1页

单位：元

2001年		凭证号	摘要	借方	贷方	借或贷	余额	借（）方金额分析				
月	日							材料	福利费用	其他		
1	5	18	1月份领用煤炭	1200				1200				
1	31	99	分摊本月制造费用	5600					5600			
1	31	100	结转本月辅助成本		6800							
			月结	6800	6800			1200	5600			

修理修配车间　　　　第 5 页

单位：元

2001 年		凭证号	摘　要	借方	贷方	借或贷	余额	借（ ）方金额分析				
月	日							低耗品	制造费用	其他		
1	18	46	本月领用螺丝等	430				430				
1	31	99	分摊本月制造费用	1500					1500			
1	31	100	结转本月辅助成本		1930							
			月 结	1930	1930			430	1500			

例 9：生产成本明细账簿管理

生产成本明细账

豆油车间　　　　第 1 页

单位：元

2001 年		凭证号	摘　要	借方	贷方	借或贷	余额	借（ ）方金额分析				
月	日							原材料	制造费用	辅助成本	其他	
			上年结转			借	2000					
1	2	8	本月领用大豆	3400				3400				
1	31	99	分摊本月制造费用	4174					4174			

2001年		凭证号	摘要	借方	贷方	借或贷	余额	借（）方金额分析				
月	日							原材料	制造费用	辅助成本	其他	
1	31	100	分摊本月辅助成本	800						800		
1	31	102	结转本月生产成本		8000							
			月结	8374	8000	借	2374	3400	4174	800		

花生油车间　　第9页

单位：元

2001年		凭证号	摘要	借方	贷方	借或贷	余额	借（）方金额分析				
月	日							原材料	制造费用	辅助成本	其他	
1	3	15	本月领用花生仁	5200		借	800	5200				
1	31	99	分摊本月制造费用	2000					2000			
1	31	100	分摊本月辅助成本	600						600		
1	31	101	结转本月生产成本		6000							
			月结	6000	6000	借	2600	5200	2000	600		

例 10：库存商品明细账簿管理

库存商品明细账

第 1 页

存货类别： 计量单位：公斤 金额单位：元

存货编号： 名称及规格：豆油

2001 年		凭证号	摘要	收入			发出			结存		
月	日			数量	单价	金额	数量	单价	金额	数量	单价	金额
			上年结转							200	3.00	600
1	13	22	结转发出商品成本				200	3.00	600			
1	24	78	完工产品转入	400	3.10	1240						
1	28	86	结转销售商品成本				100	3.10	310			
			月 结	400		1240	300		910	300	3.10	930

第 7 页

存货类别： 计量单位：公斤 金额单位：元

存货编号： 名称及规格：花生油

2001 年		凭证号	摘要	收入			发出			结存		
月	日			数量	单价	金额	数量	单价	金额	数量	单价	金额
			上年结转							220	4.00	880

例 11：委托加工物资明细账簿管理

委托加工物资明细账

北京 GB 公司　　　　第 1 页

单位：元

2001 年 月	日	凭证号	摘要	对方科目	页数	借方	贷方	借或贷	余额
2	5	28	加工精制豆油发出大豆			800			
1	6	28	支付加工费			1200			
			月 结			9200		借	9200

北京 DS 公司　　　　第 1 页

单位：元

2001 年 月	日	凭证号	摘要	对方科目	页数	借方	贷方	借或贷	余额
			上年结转					借	2600
1	12	38	支付加工费			900			
1	14	42	结转委托加工物资成本			3500			
			月 结			900	3500		0

例 12：主营业务成本明细账簿管理

主营业务成本明细账

第 1 页

单位：元

2001 年		凭证号	摘　要	对方科目	页数	借 方	贷 方	借或贷	余额
月	日								
1	20	49	结转本月销售豆油成本			6300			
1	25	76	结转本月销售花生油成本			5000			
1	31	104	**结转本月利润**				11300		
			月 结			11300	11300		0

例 13：其他业务支出明细账簿管理

其他业务支出明细账

第 1 页

单位：元

2001 年		凭证号	摘　要	对方科目	页数	借 方	贷 方	借或贷	余额
月	日								
1	21	56	结转本月销售材料成本			2300			
1	25	70	结转本月对外加工油料费等成本			2600			
1	31	104	**结转本年利润**				4900		
			月 结			4900	4900		0

2001 年		凭证号	摘　要	对方科目	页数	借 方	贷 方	借或贷	余　额
月	日								
			累 计						

例 14：分期收款发出商品明细账管理

分期收款发出商品明细账

单位：元

2001 年		凭证号	摘　要	对方科目	页数	借 方	贷 方	借或贷	余　额
月	日								
4	20	45	分期收款发出豆油河北 AB 公司			6800			
1	25	70	结转分期收款发出商品到期货款成本				1700		
			月 结			6800	1700	借	5100

例 15：发出商品明细账簿管理

发出商品明细账

天津 CZ 公司　　　　第 1 页

单位：元

2001 年		凭证号	摘　要	对方科目	页数	借 方	贷 方	借或贷	余　额
月	日								
			上年结转					借	6500
3	5	24	结转发出商品成本				6500		

2001年		凭证号	摘　要	对方科目	页数	借 方	贷 方	借或贷	余额
月	日								
			月 结				6500		0

例 16：委托代销商品明细账簿管理

委托代销商品明细账

河北 AB 公司　　　　第 1 页

单位：元

2001年		凭证号	摘　要	对方科目	页数	借 方	贷 方	借或贷	余额
月	日								
3	13	39	委托代销发出花生油			16000			
3	30	87	结转委托代销发出花生油成本				8300		
			月 结			16000	8300	借	7700

第二节　成本会计财务分析管理实务

一、概述

成本会计财务分析，可以及时反映经济主体实物资产的资金占用及其管理、经营期内的业务规模和业务量等情况，有利于及时揭示管理缺陷和不足，以便于经济主体有重点、有针对性地采取纠正和补救措施，进一步推动生产经营活动的开展，保证实物资产的安全管理。

经济主体财务分析工作的开展，主要是通过采取切实可行的分析方法，对一些分析指标进行技术处理，更明确、直观地反映其经营运作和资产管理的实际情况。

因本书成本会计财务分析涉及面宽，本书介绍的财务分析方法和指标，对特定经济主体并不一定都适用，在实际工作中可以根据本单位的实际情况和需要，选择使用。

成本会计主要财务分析方法和指标的作用为：

（一）期末余额构成分析。它可以反映经济主体单位期末流动资产资金占用构成情况，有助于分析评价经济主体经营的风险性。

（二）收发存分析。它可以反映经济主体生产经营业务的开展规模及其效率，有助于分析评价经济主体经营管理能力。

（三）成本构成分析。它可以反映特定产品、在产品、成本性费用等各项成本要素耗用情况，有助于经济主体分析评价特定成本要素耗用的合理性。

（四）生产成本产转存分析。它可以直观地反映经济主体生产过程中成本投入、加工、完工入库之间的构成情况，有助于经济主体更好地组织开展生产加工。

（五）成本支出发生额构成分析。它可以反映经济主体计入当期损益的成本支出情况、与收入的配比性等。

二、成本会计财务分析管理实务

（一）期末余额构成分析

期末余额构成分析主要有库存物资期末余额构成分析、牲畜（禽）资产期末余额构成分析、林木资产期末余额构成分析、原材料期末余额构成分析、包装物期末余额构成分析、低值易耗品期末余额构成分析、材料成本差异期末余额构成分析、库存商品期末余额构成分析、委托加工物资期末余额构成分析。例如：

库存物资期末余额构成分析表

日期：

库存商品名称	期末余额	占总额比例	备注
小麦			
玉米			
……			
合计			

牲畜（禽）资产期末余额构成分析表

日期：

库存商品名称	期末余额	占总额比例	备注
奶牛			
育肥猪			
……			
合计			

原材料期末余额构成分析表

日期：

库存商品名称	期末余额	占总额比例	备注
A材料			
B材料			
C材料			

库存商品名称	期末余额	占总额比例	备注
合计			

委托加工物资期末余额构成分析表

日期：

库存商品名称	期末余额	占总额比例	备注
A 物资			
B 物资			
C 物资			
合计			

库存商品期末余额构成分析表

日期：

库存商品名称	期末余额	占总额比例	备注
A 商品			
B 商品			
C 商品			
合计			

分期收款发出商品期末余额构成分析表

日期：

库存商品名称	期末余额	占总额比例	备注
A 商品			
B 商品			
C 商品			
合计			

委托代销商品期末余额构成分析表

日期：

库存商品名称	期末余额	占总额比例	备注
A 商品			
B 商品			
C 商品			
合计			

（二）收发存分析

收发存分析主要有库存物资收发存分析、原材料收发存分析、包装物收发存分析、低值易耗品收发存分析、库存商品产（进）销存分析、分期收款发出商品构成分析、发出商品构成分析、委托代销商品构成分析。例如：

原材料收发存成本分析表

年　月　日至　月　日

材料名称	规格型号	期初结余			本期增加			本期减少			期末结余			备注
		数量	价格	金额	数量	价格	金额	数量	价格	金额	数量	价格	金额	
合计														

注：分析表中数据由会计根据原材料明细账分析填列。表中“价格”为实际成本价。

包装物收发存成本分析表

年　月　日至　月　日

包装物名称	规格型号	期初结余			本期增加			本期减少			期末结余			备注
		数量	价格	金额	数量	价格	金额	数量	价格	金额	数量	价格	金额	
合计														

注：分析表中数据由会计根据包装物明细账分析填列。表中“价格”为成本价。

低值易耗品收发存成本分析表

年　月　日至　月　日

低值易耗品名称	规格型号	期初结余			本期增加			本期减少			期末结余			备注
		数量	价格	金额	数量	价格	金额	数量	价格	金额	数量	价格	金额	
合计														

注：分析表中数据由会计根据低值易耗品明细账分析填列。表中“价格”为成本价。

库存商品产进销存分析表

年　月　日至　月　日

库存商品	规格型号	期初结余			本期增加			本期减少			期末结余			备注
		数量	价格	金额	数量	价格	金额	数量	价格	金额	数量	价格	金额	
合计														

注：表中数据由会计根据库存商品明细账分析填列。

分期收款发出商品分析表

年　月　日至　月　日

客户名称	产品名称	规格型号	期初结余			本期增加			本期减少			期末结余			备注
			数量	价格	金额	数量	价格	金额	数量	价格	金额	数量	价格	金额	
合计															

注：分析表中数据由会计根据分期收款发出商品明细账分析填列。表中“价格”为成本价。

发出商品分析表

年　月　日至　月　日

客户名称	产品名称	规格型号	期初结余			本期增加			本期减少			期末结余			备注
			数量	价格	金额	数量	价格	金额	数量	价格	金额	数量	价格	金额	
合计															

注：分析表中数据由会计根据发出商品明细账分析填列。表中“价格”为成本价。

委托代销商品分析表

年 月 日至 月 日

客户名称	产品名称	规格型号	期初结余			本期增加			本期减少			期末结余			备注
			数量	价格	金额	数量	价格	金额	数量	价格	金额	数量	价格	金额	
合计															

注：分析表中数据由会计根据委托代销商品明细账分析填列。表中“价格”为成本价。

三、成本构成分析

成本构成分析主要有制造费用构成分析、辅助生产成本构成分析、生产成本构成分析、库存商品成本构成分析、委托加工物资成本构成分析。例如：

制造费用构成分析表

年 月 日至 月 日

车间	制造费用合计	折旧	薪酬福利	房租	水费	电费	维修费	其他
总计								

注：表中数据由会计根据制造费用明细账分析填列。

辅助生产成本构成分析表

年　月　日至　月　日

辅助生产车间	产品	数量	成本合计	原材料成本	辅料成本	折旧	薪酬福利	房租	水费	电费	其他
总计											

注：表中数据由会计根据辅助生产成本和制造费用明细账分析填列。

生产成本构成分析表

年　月　日至　月　日

生产成本	规格型号	成本合计	原材料成本	辅料成本	折旧	薪酬福利	房租	水费	电费	其他
总计										

注：表中数据由会计根据生产成本和制造费用明细账分析填列。

库存商品成本构成分析表

年　月　日至　月　日

库存商品	规格型号	数量	成本合计	原材料成本	辅料成本	折旧	薪酬福利	房租	水费	电费	其他
总计											

注：表中数据由会计根据库存商品、生产成本和制造费用明细

账分析填列。

委托加工物资成本构成分析表

年 月 日至 月 日

加工单位	加工材料及规格型号	数量	成本合计	原材料成本	辅助材料成本	加工费
总计						

注：表中数据由会计根据委托加工物资明细账分析填列。

四、生产成本产转存分析

生产成本产转存分析表

年 月 日至 月 日

生产成本	规格型号	期初结余			本期增加			本期减少			期末结余			备注
		数量	价格	金额	数量	价格	金额	数量	价格	金额	数量	价格	金额	
合 计														

注：表中数据由会计根据生产成本明细账分析填列。

五、成本支出发生额构成分析

成本支出发生额构成分析主要有经营支出发生额构成分析、主营业务成本发生构成分析、其他业务支出发生构成分析、待处理流动资产损溢构成分析。例如：

主营业务成本构成分析表

年　月

产品名称	规格型号	数　量	金　额	占总额百分比	备注
总　计					

注：表中数据由会计根据主营业务成本明细账和销售业务单证分析填列。

其他业务支出成本构成分析表

年　月

产品名称	规格型号	数　量	金　额	占总额百分比	备注
总　计					

注：表中数据由会计根据其他业务支出明细账和有关业务单证分析填列。

图书在版编目(CIP)数据

跟我学做成本会计/张洪兵主编. —北京:中国社会出版社,2005.7

(乡镇会计培训丛书)

ISBN 978-7-5087-0633-7

Ⅰ.跟… Ⅱ.张… Ⅲ.会计账簿 Ⅳ.F234.2

中国版本图书馆CIP数据核字(2005)第076146号

书　　名: 跟我学做成本会计
主　　编: 张洪兵
特邀编辑: 孟　东　李　建
责任编辑: 张　承

出版发行: 中国社会出版社　邮政编码:100032
通联方法: 北京市西城区二龙路甲33号新龙大厦
电话:(010)66080300　(010)66083600
(010)66085300　(010)66063678
邮购部:(010)66060275　电传:(010)66051713
网　　址: www.shcbs.com.cn
经　　销: 各地新华书店

印刷装订: **北京天顺鸿彩印有限公司**
开　　本: 140mm×203mm　1/32
印　　张: 4.5
字　　数: 100千字
版　　次: 2005年7月第1版
印　　次: 2014年7月第5次印刷
定　　价: 9.00元
